丽江古城古街

石鼓长江第一湾（金沙江）

玉龙雪山的日出

黑龙潭观玉龙雪山

作者在新疆魔鬼城

作者在喀纳斯

作者在敦煌

作者在塔尔寺

小邓姐在玉龙雪山下

丽江古城科贡坊

丽江古城全景

登雪山的雨崩之神农布

登哈巴雪山的老熊

仰望丽江蓝天的洛洛

相信“相信的力量”

沈三 著

文化发展出版社
Cultural Development Press
·北京·

图书在版编目（CIP）数据

相信“相信的力量”/ 沈三著．— 北京：文化发展出版社，2023.4

ISBN 978-7-5142-3895-2

Ⅰ．①相… Ⅱ．①沈… Ⅲ．①人物－事迹－丽江－现代 Ⅳ．① K820.874.3

中国国家版本馆CIP数据核字(2023)第047702号

相信“相信的力量”

著　　者 沈　三

出 版 人：宋　娜

责任编辑：周　蕾　　　　责任校对：岳智勇

责任印制：邓辉明　　　　封面设计：安帛图文

出版发行：文化发展出版社（北京市翠微路 2 号　邮编：100036）

网　　址：www.wenhuafazhan.com

经　　销：全国新华书店

印　　刷：唐山楠萍印务有限公司

开　　本：710mm × 1000mm　1/16

印　　张：14.5

字　　数：200 千字

版　　次：2023 年 7 月第 1 版

印　　次：2023 年 7 月第 1 次印刷

定　　价：59.00 元

I S B N：978-7-5142-3895-2

◆ 如有印装质量问题，请电话联系：19930259557

谨以此书献给——

所有我知道的、不知道的

平凡的英雄们

序

丽江的精灵

马原

沈三肖像

丽江是中国的奇迹，沈三是丽江的奇迹。

地球人都知道，丽江是国家级古城，是国家级旅游景区，是中国旅游的标杆和样板。旅游界的许许多多个第一，都是丽江创造的，都是在丽江的旅游人创造的。丽江在中国旅游历史上占据了独一无二的地位。

正如城市建造史上的深圳，小商品流通史上的义乌一样，丽江无与伦比。

几乎每一个喜欢旅游的国人都去过丽江，都被丽江的丰富多彩所吸引。形形色色的店铺，形形色色的餐食，形形色色的服装，形形色色的日用品，更有形形色色来自四面八方的各色人等。几千家商铺民宿，数百条弯曲街巷，多条湍急的溪流连同无数的桥涵，组成了多姿多彩的丽江之美。

但是丽江最大的魅力还是人。每天，超过十万的游客逗留其间，数以万计的经商者环绕在游客周围，盯着游客的钱袋子，为他们服务，满足他们无穷无尽的需求。

沈三正是他们中的一员，最初是游客，很快变成打工者，随后进化成小老板，再进化成大老板，之后又一无所有。他没钱，他有钱；他是游客，他是打工仔，他是老板，他最后以游客的身份离开，所有这些都算不了什么。

沈三是个有心人，他在丽江 20 年，他吃透了丽江。他熟悉丽江的每一条大街小巷，熟悉每一个宾馆、客栈、民宿，熟悉每一家商铺、餐馆和游乐场所。更关键的，他有脑有心，所有见过听过经历过的人和事都会在他心里留下印记，他不会让它们像溪水一样白白流走。

沈三有令人惊异的记忆力，有常人不可企及的分析力和判断力，过往的一切人和事都会镌刻在他的脑海里，重新组合成属于他沈三的记忆。

讲故事是沈三的又一个天赋。任何时候，他的身边总会聚集诸多他的粉丝，听他妙语连珠，听他云山雾罩，听他夸夸其谈，听他胡说八道。

20 年的精彩纷呈，给了沈三无穷无尽的灵感，他的丽江故事不胫而走，已经超越了他一生的坎坷和传奇，成为这座古城的名片，成就丽江的这一段历史。

沈三自己则变身成一个精灵，飞翔在丽江上空。

你到丽江，手边一定要带一本沈三的丽江故事，你的丽江之行会大有不同。

你会发现，自己忽然就成了一个熟悉丽江的人，你知道哪里的民宿有特色又便宜，哪里的地方美食最可口，哪里的酒吧最吸引人，哪里是艳遇的胜地，哪里发生过怎样有趣的故事，哪里是某个传奇人物的发祥地。

20年里，40多个丽江的传奇人物，构成了非凡的丽江。沈三的丽江故事，犹如一部纪录电影，也如一幅手绘长卷，将古城的风采展现给世人。永恒的丽江！

2022年03月23日

前言

致平凡的英雄

沈三

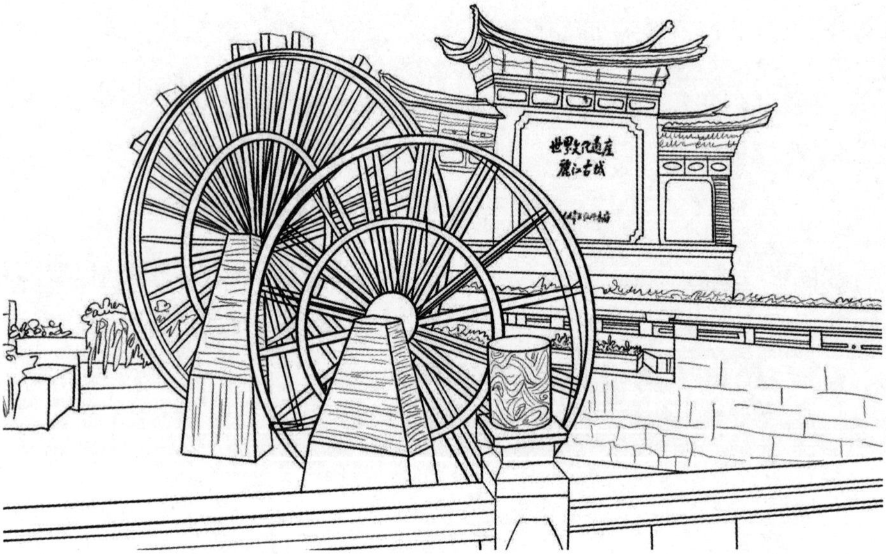

丽江古城

有一些人，他们总是在平凡的生活中不甘平凡，他们总是在平凡的工作中创造非凡，平庸对于他们来说，就是活着的耻辱。

我想，这就是英雄的特征吧。

他们不一定站在光里，但却充满力量地，活在他人或自己的心里。他们就是平凡的英雄，让我们普通人的生命历程可以燃起希望！

半年前，在丽江古城里朋友老叶的客栈，遇到一位田老师。连续几天下午，我们在一起喝茶聊天，一起讨论旅游、讨论丽江、讨论丽江旅游的未来。

三天后，田老师说："老沈，你应该写一本书。你在丽江20年，你的经历、你的见识、你的思想，你讲给我们的故事，都把我这种'老丽江'感动了。我相信你写这样的一本书，一定能启发与感动更多的人。"田老师说，现在很多新来丽江古城的人，根本不知道"丽江精神"，不知道丽江本该有的样子。全国许多地方都在大喊口号做"全域旅游"，但因为对旅游行业太陌生、无从下手，有关部门就花钱请一些冒牌旅游专家给大家上课。去年在他的安徽老家某市，当宣传部长的同学就邀请各路"旅游专家"讲课，并召集了上千人去听课，他也应邀而去。"听下来，这些'旅游专家'还没有我们丽江随便一个客栈老板更懂旅游，简直是把这些想做旅游的初学者们都带进沟里了。"田老师感慨颇深。

丽江旅游20年来的客流量、丰富度、包容度，都堪称中国旅游的奇迹，我这个在丽江旅游行业无人不知的叫"沈三"的人，作为丽江最资深的旅游从业者，有过成功的高光时刻，也有过失败的深刻教训。我涉足过丽江几乎所有旅游行业的经营与探索，也与众多有趣的灵魂发生过交集，我想，应该把这些有料、有价值的故事写出来。

在丽江的20年里，我发掘过很多平凡而绝不渺小的英雄。腼腆害羞而又自信无比、充满力量与英雄主义的"雨崩之神"农布，幽默聪明敢于自嘲与感染他人又不失真诚与朴素的"丽江石榴哥"，被我从西藏冈仁波齐带到丽江完成蜕变的"云旦旺加"，每次总是打动我、令我情不自禁流泪的"丽江洛洛"……我给予他们真诚的相信，他们给了我无比的感动！

我遇到了博学之人老吴，念经济学的他坚持用儒家思想的价值观做着让客人99%满意的生意；遇到了徐秉忠，设身处地替顾客着想的他用麦当劳的性价比把他的酒吧开到了全国；还有跟我一起在"阿拉丁旅游"路上冒险、辛勤工作的伙伴们，我们用逆流而上的勇气拥抱了我们无悔的青春。

在丽江总能遇到这么一些人，对待顾客有同理心，对待陌生人充满慈悲心，总是让这个世界充满温暖与美好。我很幸运，在丽江 20 年里遇到了这么多有爱、有趣、有血有肉的人。

也遇到了一些在利益驱使下丧失人性、弄虚作假、“装神弄鬼”甚至玩弄权术之人。但随着时代的进步，这些坏人坏事终将走向消亡，商业终会回归他应有的本质。

第一位看到这些故事的人，是我的好朋友、拉萨的“达瓦先生”。发现书里的故事很多是基于人与人之间的无比相信而发生的美好，有些人物故事的发展，堪称相信带来的奇迹。他给这本书取名——《相信“相信的力量”》。

因为相信，所以慈悲
相信，本身就是力量
慈悲，干净而又高贵
平凡的英雄们
就是慈悲的化身
总能给我们带来美好与感动
相信
你能得到相信的力量

谨以此书献给——
所有我知道的、不知道的
平凡的英雄们
平凡的英雄或许就是此刻的你
或许就在你的身边
向自己或他们致敬吧
相信“相信的力量”

2022 年 4 月 14 日

目　录

丽江“石榴哥”

石榴哥与我在哈巴雪山登顶

2018 年 10 月底的一天，离开丽江一年多，旅居湖南的我一大早就接到了金国伟的电话。电话那头的金国伟非常兴奋：“沈老师，我好像在网上火了，你知道抖音吗？我在抖音上叫‘丽江石榴哥’，我才注册几天，今天一早打开抖音号，粉丝量竟然过百万了，我是不是要发财了？”

离开了几年的金国伟，竟然又一次闯入我的视线，这个曾经的我家店里最好的营销人才，终于走向了属于他自己的“红红火火”！

遇到石榴哥金国伟是在 2012 年 11 月。当时还没有抖音，而彼时我也已经是丽江有名的阿拉丁旅游公司的老板，还开了一个名叫“梦想家三文鱼”的大型餐厅。

最初是金国伟的妹妹“金妹妹”找到了我。金妹妹 3 年前就在我们的彩云居客栈工作过一年，其间认识了帮客栈做维修的师傅小李，两个年轻人就恋爱结婚了。金妹妹向我引荐了金国伟，说他哥想找个月薪 6000 元的工作。金国伟 1987 年生人，是个身高一米六五的小胖子，家在距离丽江机场南边 10 多公里的大理鹤庆地界，在黑龙江上的大学，毕业后当过英语老师。

金国伟的上一份工作是在古城的一个餐馆里做领班加营销，餐馆平均营业收入每天 3000 元左右、1 个月 10 万多元，金国伟的基本工资每月 2500 元，外加奖金。当时他刚工作了一个月，就在 10 月的某天，老板跟金国伟约定，如果在下个月，也就是丽江的淡季 11 月，他能把餐馆的营业额做到每天 5000 元，月营业额突破 15 万元，就把他的基本工资涨到每月 5000 元，再加奖金。没想到，11 月，金国伟月营业额做到了 15.8 万元，老板惊讶极了，然而却没有兑现承诺给金国伟的工资，只给了 3500 元的基本工资加奖金 800 元。老板违约了，金国伟没法容忍，便不干了。

当时我妹妹小玉面试的金国伟，面试结束后，小玉跟我说，金国伟算得上一流的营销人才。阿拉丁有 3 名专职推广人员，通过他们的努力，近一个月，在网上根据关键词搜索阿拉丁，在搜索到的前 20 条里，平均每天都有三到四条是有关我们阿拉丁旅游公司的信息。小玉就此询问了金国伟，并查询了金国伟之前为那家餐馆所做的推广，金国伟凭一人之力，做到了搜索排名前 20 条内日均出现 2 条，比我们现有的 3 个人的平均推广效率高 1.7 倍。

当时金国伟提出的工资预期是每月 6000 元。我就让金国伟负责“梦想家三文鱼”餐厅的推广营销与线下拉客工作，我跟他约定：首月算试用期，基础底薪 4500 元。当时正逢 12 月初，还不到 10 号，如果从 10 号起到月底，餐厅每天的平均营业收入能比 11 月每天平均高出 20%，下一个月，也就是下一年 1 月，他底薪就从 4500 元直接调为 6000 元，并且 12 月的 20 多天，也给他按照 6000 元的月薪发放。

金国伟非常善于表达与沟通，浑身上下散发着活力，还颇为幽默，他不仅是优秀的网络推广人才，还每天亲自到古城去发传单、拉客，并且铆足力气对其他员工进行有关的培训。在金国伟的带领下，我们专职负责拉客的大姐也更加善于表达了，拉客业绩也明显上升。

月底的时候，数据出来了，12 月的后 20 天，餐厅的平均营业收入比 11 月高出了 22.3%。我拍着金国伟的肩膀说：“小伙子不错，加油干！”然后我兑现了他 6000 元的工资，还奖励他了一部崭新的 iPhone5 手机，也算是给他一个他配得上的惊喜吧。

在金国伟的带动下，连拉客的大姐杨梅也有了巨大的突破，达到了基本工资加业绩提成共计 5000 元的月收入，比她前几个月的平均工资翻了一番，杨梅因此被评为 12 月份最优秀员工，也被奖励了一部 iPhone5 手机。

金国伟给餐厅带来了新的活力。他头脑灵活反应快，颇具创造天赋，从他入职以来，我们的餐厅几乎每天都有奔着“三文鱼”慕名而来，而且是单独一位用餐的女生，不过这些女生除了会说“好吃太好吃”之外，常常还会皱着眉头说：“太多好吃的了！我都想吃，可点多了又吃不完怎么办？”金国伟每次听到，都会笑着说：“你可以请我帮你一起吃啊！”于是，我们就真的推出了陪同单身女生吃饭的业务，因为这些女生都是外地游客，我们的工作人员在陪她们吃饭的时候，还会给她们提供有关丽江古城的讲解服务。

后来，为了彻底解决小姐姐们提出的“太多好吃的了！我都想吃，可点多了又吃不完怎么办？”的问题，金国伟还针对独自就餐的顾客推出了半条鱼的“半餐”服务。我们餐厅的三文鱼都是现杀的，最小的三文鱼一条也要 2.5 斤，通常两三个人吃一条比较合适，为了节省成本，金国伟又推出了“1+1”拼桌服务，帮助有意愿拼桌的两位独自就餐的客人拼在一起，并建议他们 AA 付费。更妙的是，针对人数较少的桌，比如一到两位客人，他还推出了“丰盛型”配菜，把 4 种同价位的菜拼成一份出售，这样就做到了一两个人也可以吃到丰盛而不浪费的大餐了。

应该说，是金国伟的加入，让我们的“梦想家三文鱼”餐厅收入飞增。在店长和其他几名管理人员的共同推荐下，金国伟当了店长。2013 年 5 月，他带领“梦想家三文鱼”餐厅实现了日平均营业额超 3 万元。而仅仅是两个月后，也就是 2013 年 7 月，日平均营业额就突破了 4 万元，单日最高营业额竟然突破了 8 万元。2013 年年终盘点时，大家欣喜地发现，“梦想家三文鱼”餐厅已然实现了旺季平均利润单日过万、淡季平均利润单日超 5000 元的良好业绩。

说完了金国伟曾经的丰功伟绩，再说说他本人。他身材偏胖，1.65 米的身高，却有 160 多斤重。2013 年 10 月 1 日，我亲自带队，组织员工攀登哈巴雪山，邀请金国伟参加。由于身体偏胖、体能偏弱，平时，金国伟连餐厅组织的 1 小时爬过黑龙潭公园背后的象山都拒不参加，所以对于登顶哈巴雪山这种高难度的剧烈运动，金国伟一听就拒绝。于是我接连几天，“威逼利诱”“软硬兼施”，好说歹说，他终于加入了我们的队伍。当时我们一共组织了 7 个人登顶哈巴雪山，人员素质参差不齐，完全不像能够实现全队登顶的架势，因为 7 个人中有 4 个属于“非正常”体形——不是很胖就是很弱。然而令人欣慰的是，除了来自北京的队员“大胖”杰哥在 10 月 3 日凌晨 3 点正式出发半小时后，因为高反不适放弃登顶之外，其余 6 名队员都在 10 月 3 日中午 12 点左右成功登顶，当然也包括我们的“小胖”金国伟。金国伟胜利地完成了对于他来说几乎不可能实现的挑战，登顶哈巴雪山。这次登顶，也是我带领团队进行的最有意义且非常成功的一次活动。当天攀登哈巴雪山的有 300 余人，登顶不足 100 人。

由于 2013 年在金国伟的带领下，“梦想家三文鱼”餐厅取得了前所未有的良好业绩，当老板的我也被胜利冲昏了头脑。2014 年到 2015 年，我们一起投资在丽江连开四家新店，全部由金国伟负责。本以为新店必将延续之前辉煌的业绩，没想到由于其中两家分店都是大型店，单店面积超过 1200 平方米，我们都缺乏经营这样规模店面的经验，而且开店速度太快，人员培训和新店构建都跟不上，最终导致各家新店都因为经营不善出现了连续的亏损，导致最终关店，甚至影响了总店的生意。金国伟的信心也因此受挫，在 2015 年，我与金国伟的合作终止，而金国伟也因为与我共同投资的新店的亏损，背上了债务。

在与我分开之后，金国伟开过餐厅，但还是没能再创佳绩，最终因为经营不善关张大吉。后来为了还债，他白天在培训学校当英语老师，晚上和周末摆地摊，很辛劳。一直到 2018 年 10 月底，我终于听到了他兴奋的声音。

每个人的成功，都不是一蹴而就的。如今的金国伟，成长于他的智慧和努力的基础上，如今的金国伟，还是之前的他，一路向前，无所畏惧。

“跑路”到丽江的刘胜林

我在刘大哥等人的帮助下开启了丽江之门

2001 年，我在瑞丽与自贡老乡胡大哥开了个炒田螺宵夜店，晚上开店，下午会去瑞丽姐告镇对面、缅甸境内的木姐赌场碰运气。有一天下午，刚进赌场就碰上一位熟悉的经常光顾我宵夜店的湖南大哥，他对我说：“小弟，过来啦？今天大哥手气好，你也沾沾大哥的手气。”说完就直接塞给我30块筹码。

接下来，我手气真的还不错，竟然押什么中什么，连中了27把。一个下午，不过3个小时，我竟然赢了2.8万元，晚饭以前，我就理智地收手回家了。

回家后，我就制订了“赌神计划”，我以为自己在瑞丽赌场混的这两个月，每天都幻想的赌神梦终于要实现了，所以计划每天带2000元赌本去赌场，赢到超过2万元就走人，我还给自己定了个小目标，赢够100万元就回四川。

结果就像一场噩梦，接下的每一天，我没有一次能赢到2万元，最多的一次赢到1万5千元就又迅速输光了。10多天后，我的“赌神计划”彻底破灭，不仅100万的目标没有实现，就连口袋里最后的1000元钱也没能剩下，彻底地被打回了原型。

一无所有的我，又开始浑浑噩噩混日子。每天晚上开宵夜店，下午继续去赌场碰运气，23岁的大好青春就这样一天天消磨掉。

那一年8月下旬的一个晚上，房东太太家的女儿三姐来我们的小店吃夜宵。她刚从丽江回来，一边吃夜宵一边赞叹我的手艺好，还要我第二天带她到市场去采购，过几天好带回丽江。

接下来的三天里，三姐常常和我聊天，她苦口婆心地劝我不要继续待在瑞丽，说瑞丽靠着缅甸，赌博盛行，太祸害人。她老公那年4月在赌场里混，1个多月欠了300多万元赌债，还是从赌场借的高利贷。最后被人追债追得没办法，一家子才在5月跑到了丽江。三姐还说到了自己的亲弟弟阿五，阿五我认识，他跟我一般大，无所事事沉迷赌博，靠自己的母亲，也就是房东老太太养活。阿五还染上了毒瘾，长期抽一种叫“卡可”的毒品，是典型的败家子加窝囊废。三姐叹息说，阿五真是给家里人与他们过世的老父亲丢人。

三姐还说起了自己的父亲。房东老太太的丈夫是山西人，参加过抗日战争和解放战争，老人家在20世纪80年代末就去世了。

后来，三姐帮我分析，说我在瑞丽这半年多，经常去赌场，已经开始沉迷赌博了，再不离开瑞丽，很容易像她老公和她弟弟阿五那样，深陷泥潭无法自拔。最后三姐说，我还年轻，会厨艺，不如到她在丽江开的饭馆去当厨师，重新开始生活。

最后，我被三姐说服，把小店交给了胡大哥，跟着三姐一起从瑞丽坐卧铺客车来到了丽江古城。

到了丽江古城，我见到了三姐的老公——三十出头的大帅哥刘胜林。刘胜林非常不一般，他是泰国国籍，不但会做菜，还会木工、雕刻和绘画等各种手艺。13岁以前他在湖南与广东长大，后来去了泰国。刘胜林会日语、朝鲜语、泰语、越南语、缅甸语、瓦族语、马来语、老挝语、柬埔寨语等10多种东南亚语言，还会粤语、闽南语、上海话、西南官话、东北方言。刘胜林有着超凡的语言天赋，到丽江古城刚1个月的时候，就能完全听懂纳西话，还能用纳西话进行简单的交流。

刘胜林兄弟5个，上面两个哥哥下面两个弟弟。他的父亲是一所军医大学的毕业生，后来加入志愿军，在朝鲜战场上做战地医生，在一位将军身边工作。20世纪70年代，刘老爷子从部队医院到西双版纳橄榄坝的乡村卫生站做站长。当时整个卫生站只有两个人，刘老爷子待了两年后偷渡到泰国，在泰国安顿下来。20世纪80年代初，刘老爷子把4个儿子接去了泰国，把小儿子和老婆留在了广东。

刘老爷子有个治胃病的秘方。早期去泰国的华人普遍非常拼命，生活很艰辛，很多都因此落下了胃病，刘老爷子在泰国靠着开诊所，主要帮人治胃病赚钱。20世纪80年代中期，刘老爷子平均一天就能赚一万元人民币。而且刘老爷子的收费方式很特殊，他通常都先收个二三百元，作为前两次的药费。然后根据病人的情况持续用药，也不收费，治好后，病人再依照自己的经济状况支付剩余的费用，大部分病人最后都会给大几千块钱，偶尔也有给上万的，当然，如果病人经济条件不好，刘老爷子就不收余款了。

后来刘老爷子攒了上千万元，就立大儿子为董事长，带着 4 个儿子一起开了一家公司。公司主要从事鳄鱼的饲养和驯化表演业务，还有其他一些野生动物的驯化与表演业务。在 20 世纪 90 年代初期，公司的业务就辐射到了西双版纳和瑞丽，也就是在那个时候，刘胜林认识了三姐。据刘胜林说，某部在 20 世纪 90 年代末红遍大江南北的电视剧里面那只会说话的鹦鹉，就是从他们公司租的。

刘胜林还很懂玉器，在西双版纳搞野生动物表演业务的时候，他们公司还参与过玉器生意。1998 年前后，西双版纳的玉器行业竞争激烈到了疯狂与变态的程度，最高的时候给导游返点 90%，刘胜林兄弟几人的公司就参与过那场竞争。一个月后，刘老爷子也来了丽江。刘老爷子这次专程来丽江，主要是看看自己的三儿子刘胜林赌博欠了那么多高利贷，反省得如何了，到底还回不回泰国。刘老爷子待了半个月，他身体干瘦，精神状态非常好，走路比我还快。他告诉了我他的养生秘诀：第一，注重饮食。人到中年以后早上要吃饱，早上可吃些脂肪类食物，这样一天都比较精神。到了中午就只吃 7 分饱。晚上不吃油腻的食物，不吃主食，尽量吃素，吃个 6 分饱就好。第二，保持快走锻炼。一周至少两次快走或慢跑或爬山，以感觉略累，略微出汗为目标，每次活动 1 小时以上。第三，常做深呼吸训练。打坐，深呼吸，或者腰板挺直坐正，和打坐姿势一样但不盘腿，坐在凳子上深呼吸。每次 15 分钟以上，每周 2 次以上。刘老爷子说，如果长期坚持上面三项，身体的健康状况就会很好，不用跑医院，到了七八十岁，也会活得像他一样精神，没毛病，不需要人照顾。

刘老爷子还让我陪他一起到乡下找了些干枯的“冬寒菜”，这种草药是刘老爷子的胃药秘方里最重要的一味药材，他还告诉我，不太严重的胃病，经常吃冬寒菜，或者用干枯的冬寒菜秆煮水喝，就能有所好转，甚至治愈。

刘老爷子走后，三姐跟我唠嗑，说老头子有只生儿子的药方，老头子非常重男轻女，自己只生了 5 个儿子，没有女儿，如今 5 个儿子 4 个成了家，4 个儿媳妇加起来生了 9 个孙子，也是一个女娃娃都没有。

刘老爷子走后，刘胜林的大哥也来丽江待了两天。刘大哥是公司的董事长，刘胜林在大哥手下做了 3 年总经理。刘胜林之前就是因为不服气，觉得自己本事大却地位低，收入也不够好，才赌气离开自家公司跑到了瑞丽，结果就迷上了赌博，欠下了巨额高利贷。刘大哥来丽江的目的和父亲一样，就是来看看自己的弟弟刘胜林有没有反省自己，而且也跟刘胜林说得很明确，只要他回公司工作，就会把公司的一半股份分给其他 4 个兄弟，同时提高刘胜林作为总经理的薪酬。刘大哥走后，刘胜林夫妻就带着小儿子离开丽江回泰国了，他们把丽江古城的小饭馆交给了我一个人经营。

教我从厨师变成导游的“安老师”

恩爱的安磊夫妇

2001 年底，在丽江古城我经营小饭馆的那条街上，开了一家“老井客栈”。老井客栈一开业，年轻的老板娘娟子就不时地带客人到我的小饭馆来吃米线，每次都说：“泡菜太好吃了。”于是每次我都给她打包一些泡菜带回去。后来娟子问我能不能教她做泡菜，她想放在客栈里，客栈的员工和客人一定都喜欢。

于是我们去市场买了泡菜坛子和配菜、调料，去到老井客栈。老井客栈的老板叫安磊，和娟子同是河北人，很健谈，热爱文学，北大毕业，做过旅游，熟读历史，他很虚心地跟我学做泡菜。

认识安磊后，我算是第一次深刻地理解了相见恨晚的含义，也认识到我与真正的知识分子之间有多大差距，我干脆拜安磊为师，不仅尊称他为安老师，还常常以我的小饭馆为根据地，向他学习。后来我的小饭馆就成了安老师夫妻的食堂，安老师没事就教我一些读书的方法，指点我阅读的方向。

我的小饭馆离木府大门只有 50 米，一天中午，我和安老师刚吃完午饭，就听见门口传来拉杆箱拖过地面的声音，随即出现一对摩登情侣。安老师随即对我说：“三儿，你跟上去问问这两个人要不要住客栈，前面的丽江源客栈有标间，130 元起价。他们如果还没订房，就一定会住！”当时丽江古城的客栈还处于发展初期，客栈总量在 100 家左右，房间里带卫生间的标间还比较少。“不会吧？”我想都没想脱口而出。看我有点胆怯，安老师用力推了我一把，说：“快去，相信我！”

在好奇心的驱使下，在安老师的强推之下，我跑了出去，紧张地问那对情侣：“美女，帅哥，你们需要住宿吗？前面一点点有一家很好的客栈，应该比较适合你们，要不要看看？”“好啊，带我们看看呗！”男人回答。我立即补充：“不合适就不住，没关系的。”随即伸手帮男人接过手中的拉杆箱，还解释了一句：“在古城的石板路上拖着箱子，容易拖坏轮子。”路过木府的时候，我顺便简单介绍了一下木府。到了丽江源客栈，一位大姐站在前台，我主动招呼：“大姐，带这两位客人看一下房间。”不出安老师所料，客人进院子看了一间房，问了下价格，的确是 130 元，就马上住下了。

最后，我跟这对情侣做了个自我介绍，说自己在刚才遇到他们的地方开饭店，欢迎过来吃饭，随后就小跑回了我的小饭馆，把成功介绍这对情侣入住的消息告诉了安老师。安老师对我说：“通过我对你的观察，你具备做好服务行业的特质，刚才的成功拉客不就是一个很好的证明吗？”接着，安老师又说：“三儿，我再给你一个惊喜，你现在再去丽江源，找前台，他们会给你30块钱拉客的提成。而且接下来，客人每住一天，就会给你30块钱提成。”我照做，果真拿到了30块钱，我还跟前台那位和蔼可亲的大姐介绍了我的小饭馆的具体位置，请她也帮忙介绍客人过去吃饭。

晚上，那对情侣就专门跑到我的小饭馆来吃饭，还特意表示感谢，感谢我带他们找到了满意的客栈。他们来之前听说丽江古城好一点的带卫生间的房间很少，而且价格都在二三百以上，没想到刚来，没费周折就住到了不贵而且满意的房间。7点左右，丽江源客栈的大姐还介绍了在丽江源住的另外一对老年夫妻过来吃饭，我第一次感受到了拉客的价值，心生喜悦。

晚上9点多，我下班了，逛到古城的大水车附近，看到超市门口在搞促销，运动鞋35块钱一双。想到今天的美妙体验都是安老师带给我的，在他的激励下，我第一次拉客成功，于是果断地给安老师买了一双鞋，回来后送给了他。

安老师的老井客栈有十来个房间，请了3个人专门拉客，淡季生意都很好，他把客栈里的客人都带到我的小饭馆来吃饭，所以我的小饭馆也是沾了他不少光。有两天，他的客栈爆满，我就趁机邀请他们夫妻住到我的小饭馆里来，我把自己的房间让给他们，我则住进了过道的小隔间，这样，我就收获了更多向安老师学习的机会。

后来我逐渐了解到，安老师的收入中只有一半来自客栈的房费收入，另一半收入来自为客人带去的“增值服务”，包括木府门票、纳西古乐演出、旅游包车拼车、雪山骑马以及买各种东西的提成等。由于安老师的员工多，所以他家的服务非常好，客人的满意度也极高。

有一天，在安老师的客栈拉客的阿龙拉到一位年轻的女客人，女客人跟团游玩后，又逛了逛古城，她想在古城里找个较好的住处，安老师就安排我带她去了丽江源。这位女客人来自澳门，中国政法大学毕业，看上了丽江源380块钱一天的小套房。她连续住了7天，每天都找我们一起玩，还请我们很多人一起吃饭，每晚还邀请我们陪她去不同的酒吧玩。当时正好是2002年8月，著名摇滚歌手崔健在丽江发起了“第一届雪山音乐节”。那天，在女客人的盛情邀请下，我们饭馆全体职员提前下班，和安老师客栈的大部分员工一起，凑了十个人，去了位于玉龙雪山甘海子草原的露天摇滚音乐节的现场。那天，由著名歌手孙楠开场，还有许多明星和著名乐队到场演出，著名摇滚歌手崔健的压轴戏放在了凌晨12点以后。正值青春的我们一起嗨到了凌晨2点才返程。那天晚上大家都喝多了。然而女客人第二天要赶早上9点半的飞机，于是我8点就爬起来，把女客人从睡梦中叫醒，然后扛着她的行李把她送到了忠义市场的路口，着急忙慌地打上一辆车。那是一辆夏利，又破又旧，坐上车才发现，司机走的路坑坑洼洼，还路过了一个水泥厂，我问司机是不是走错了，司机却说没错，他家就在这个水泥厂旁边，只是可能会慢几分钟。我着急了，说：“我们这么赶时间，就是担心赶不上飞机，你还给我们绕路，纯粹耽误时间！”司机连忙道歉，说今天是他第一天开出租车，我们是他的开张生意，他不熟悉大路，担心走错，才走了这条他很熟悉的小路。“那你以前做什么？”我忍不住问司机，没想到司机说他以前一直在开拖拉机，搞得我没脾气。开到机场门口，我看到了大大的牌子，可没想到司机竟然没看到，直接开过了，我十分着急，立马提醒司机掉头回来，拐进机场。赶到换登机牌的地方已经是9点整了，查询了去北京的9点半的航班，柜台值班的小伙子笑着说：“您不用急，这趟飞机延迟半小时起飞，现在还可以办登机牌。”如此，我们一路紧绷的心弦才终于放松了下来，我就此和女客人告别。

在这位女客人的房费中，每天有我 80 块钱的提成，而且我还跟着这位女客人享受了一周的“花天酒地”，乐享丽江“艳遇”，这让我第一次体会到了离奇的快乐与青春的狂野。

安老师的老井客栈还住过一位谈吐高雅、气质不凡的深圳某大公司的老总，那位老总还邀请安老师在我的小饭馆里吃过一顿晚餐。当时我只知道那是深圳来的大公司的老总，很多年后，我在网上看到那位老总的新闻，才知道他是谁，跺脚恨自己当年年少无知，有眼不识泰山，没有能够多向那位老总学习和请教！

在安老师的悉心教导和手把手的指引下，我转行做旅游，从拉客开始，我的命运发生了改变。拉人吃饭、陪人泡吧、拉人住店、帮人包车和拼车旅游、代买木府门票、代买纳西古乐演出票等，所有的游客需求，都成了我的工作内容与赚钱渠道。2002 年下半年，我干脆关了小饭馆，与木府门口一家大的饭馆一品香和几个客栈合作，成为古城的职业旅游拉客人，每天快乐地忙碌着，走上自己在丽江做旅游的人生之路。

画家阿丁

阿丁肖像

油画家阿丁来自成都，2002 年初在安老师的客栈长住，就和安老师成了朋友，每天跟着安老师或别的客人到我的小饭馆吃饭喝酒。阿丁跟安老师聊文学、历史与艺术，跟我聊江湖与做菜，跟安老师和阿丁相比，我的艺术审美是幼儿园级别的。

阿丁在古城闲逛的那段时间，恰逢古装电视剧《狼侠》剧组在木府旁开机，阿丁认识了同为艺术家的剧组的美工负责人——自称成吉思汗第 34 代嫡系子孙的莫纳英太老师。于是阿丁就把莫纳老师的美工团队以及男一号——台湾明星焦恩俊拉到我的小饭馆吃饭。有一个多月，剧组的生意占了我的小饭馆收入的半壁江山，焦恩俊是常客，而且总要点我并不太擅长做的手工面条。焦恩俊的父辈是山东人，所以他特别爱吃面食，对米饭不感兴趣。

那一个多月，我还接下了剧组的“道具菜”业务，“道具菜”大部分不需要能吃，只需要能看，能摆较长时间就成。剧组的关照让我的小饭馆在生意的淡季也呈现了旺季的火爆态势。

焦恩俊第二次在我的小饭馆吃饭，就被隔壁下班路过的阿红姐撞上，阿红姐认出他是正在热播的电视剧《小李飞刀》里的主演，便问焦恩俊可不可以带她女儿来签名合影。我向焦恩俊介绍了阿红姐，她是土生土长的古城纳西族人，就住在木府门口，我还着重介绍了阿红姐的妈妈与明星宁静的妈妈是在丽江古城一起长大的发小。焦恩俊愉快地答应与阿红姐女儿的签名合影，还邀请阿红姐和她的女儿同他与他的助理一起吃晚饭，并要阿红姐给他讲一些关于丽江古城的历史和有趣的故事。

再说回画家阿丁，他年轻帅气，30 岁出头，一米八的身高，颇有点温兆伦的气质，阿丁想在古城开个门店卖油画。阿丁考察了一个多月，最后在四方街附近大石桥的下游 50 米处，靠近河边的位置找到了一间合适的铺面，租金一年 7000 多元。阿丁开了店，店名“苦艺人”。

阿丁气质高雅、才华横溢，又非常有江湖范儿，除了各种绘画技艺，他的雕刻技艺也非常精湛，他常常一边与我小酌，一边向我普及一些艺术方面的知识，让我这幼儿园小班级的审美水准逐渐有了提高。阿丁初期主要是画古城的街道、院落、溪水、牌坊、石桥，作品非常符合古城的气质。开店以后，阿丁带了两个学生一起画画。阿丁店里的油画定价非常接地气，从几百块到几万块，各种价位都有。大家介绍客人去买画，他会给一定幅度的优惠，让客人愉快地达成交易，相对而言，他的生意还比较好。

阿丁在丽江开店多年，只要饭店开门，他请客吃饭一定会到我的店里来，这正印证了那句话：“吃饭这件事，吃什么不重要，在哪里吃，跟什么人一起吃更重要。”

阿丁的店开了五六年后，他的技艺与身价倍增，作品卖到几万元甚至十几万元，很多同行都夸赞他的作品，国画家樊书江老师还赞叹阿丁的绘画技艺进步神速，可以与一流画家争锋。

后来，阿丁与一位西安客人一起在北京和西安两地做了画廊和工作室，安老师几年前曾参加过阿丁的画展，阿丁的作品有一幅成交价过百万,一个画展就卖出了 300 多万元。

创作丽江之歌的歌手木木

歌手木木与我在河边弹唱

木木 25 岁，来自福建，厦门大学毕业的高才生。木木是歌手，还带着一位漂亮的女朋友。2002 年春，木木和女友住进安老师的客栈，当时是淡季，安老师的客栈 15—25 元一个床位，普通间 30—50 元一间。木木每天中午快 12 点才起床，中午跟我们一起吃饭，下午在饭馆的院子里练歌，天黑以后去酒吧街和四方街唱歌挣钱。

我的小饭馆通常在晚上 8 点就没客人了，我从小喜欢唱歌，所以基本上每天打烊后都会陪木木一起去唱歌。我们经常会约上三五个人，有时还会带上几个客人，再带上房东寄养在小饭馆的漂亮大狗“妞妞”，一起到当时的酒吧街去唱歌。那个时候，酒吧街的酒吧不到 10 家，规模最大的樱花屋也只有 6 间铺面 100 多平方米的营业面积。那个时候酒吧大都没有歌手演出，属于初级的酒馆与餐吧，啤酒也跟餐馆一样，以大瓶啤酒为主，只是品种多点儿。当时 500 毫升的大理啤酒一瓶 6 元，在酒吧里有熟人的话，可以打七折，一瓶 4 元。

樱花屋靠河边，门外常常会摆一些小桌子，我们一般都坐在樱花屋外靠近四方街的小桌旁，每人点一瓶大理啤酒，然后木木弹吉他，我们一起唱些耳熟能详的流行歌曲。我们总是很快就吸引到很多路人，他们在旁边或小河对面的座位坐下。接下来，就会有很多被我们吸引的客人买酒送给我们，等气氛好些，我们就把木木事先准备好的牛仔帽拿出来，我总会先放一些 5 块、10 块的零钱进去，然后客人们就会很随意地往牛仔帽里扔钱。

当时酒吧街的酒吧都是餐饮一体的，中午就开始营业，晚上 11 点之前就陆续开始打烊。11 点以后，我们就会带着那些意犹未尽的客人在四方街席地而坐，继续唱歌喝酒，四方街上科贡坊旁的小卖铺会开到 12 点，甚至凌晨 2 点，大家就从小卖铺买酒继续喝。木木通常会在四方街唱到凌晨 1 点，甚至更晚。木木一晚上的收入几十块到一两百块不等。有一天，木木一晚上挣了三百多块，因为一个客人在知道木木是厦门大学的毕业生后，自称是木木在厦门大学的学长，给了 100 多块。客人走后，木木就开心地把那张 100 元的大钞奖励给了我。

一天下午，木木说教我唱一首他刚刚创作的新歌，就是后来被各种改编的《丽江之歌》，木木最初的歌词是这样的：

如果我老了，
你还会爱我吗？
如果我老了不能过马路，
你还会牵我手吗？
一大一小两只，
现在就爱个够，
从此以后再也不分离！
如果我老了，
你还会爱我吗？
如果我老了不能谈恋爱，
你还会爱我吗？
陪我到丽江晒晒太阳，
一起诉说伤心往事，
数我的皱纹数你的白发，
一生一世永不分离啊！

当时我们在酒吧街唱得最多的歌就是王洛宾的《青春舞曲》——“太阳下山明早依旧爬上来，花儿谢了明年还会一样地开，美丽小鸟一去无影踪，我的青春小鸟一去不回来……”

每次一冷场，我和木木就会默契地用各种搞怪的腔调唱这首歌。有一天，这首歌唱得次数实在太多了，晚上回去的路上我就问木木：“今天《青春舞曲》有没有唱够100遍？”木木女朋友阿曼在一旁说：“有，肯定有。”

我们常常在临近午夜的时候在四方街上唱《丽江之歌》，通常那时候效果更好，感觉“更丽江”。后来，木木带动了酒吧街唱歌的风气，酒吧街沿河两岸逐渐形成了对歌的习惯。2003年之后，随着到丽江旅游人数的剧增，酒吧街飞速发展，到 2004 年、2005 年，酒吧街对歌成了丽江古城的一道风景线。

而歌手木木，则无意中成了丽江古城最早的“卖唱人”，以及丽江酒吧街对歌项目的创始人。

从拉客人到亿万富翁的徒弟王宇

王宇站在客栈门口

2002年下半年，我转掉小饭馆干起了专业拉客，没几天，我接到四川宜宾老家的发小——我的表侄王宇的电话，他说在家没事干，想到丽江来跟我混，我欣然答应。

王宇当年20岁，比我小4岁，小时候我们两家是邻居，王宇的奶奶是我们家族的大姑姑，论辈分我是王宇的表叔。王宇从3岁就跟我一起玩，小时候，我在我家的院坝里大吼几声暗号，王宇就会跑过来跟我会合。我去瑞丽之前，在老家开火锅店，王宇就在我的店里当跑堂。我关了老家的火锅店后，又带着王宇去了瑞丽。王宇年轻帅气、勤奋好学，胆子大、执行力强，而且极富想象力。

刚到瑞丽的时候，我俩曾经在赌场里混了不到一个月，第一次发现快没钱的时候，我就让王宇先去找个工作干着，一个月有个两三百就行。结果他早上出去找工作，到了上午 10 点，我才刚起床，他就跑回来告诉我，自己找到了一份好工作，工资一个月一千块。我当时吓了一跳，连珠炮一样问他：“这么高的工资，是什么工作？你敢干？你个 18 岁的小伙子一千一个月？”王宇笑着说：“三叔，你别不信！”他跟我解释，说前些日子我们赢钱的时候，跟湖北的小孙 3 个人去吃过的那家全瑞丽生意最好、规模最大的“川妹子火锅店”，几天前厨师和女领班搞对象，俩人私奔了，现在这家店着急忙慌地找火锅厨师，他们的火锅底料也快用完了，打听到这个消息，王宇就向这家店的老板毛遂自荐，说自己会做火锅炒底料，还跟老板说自己炒出来的底料一定比店里现在用的底料味道好。

我一听就愣了，对王宇说：“你也不会炒底料啊？”王宇反问我：“三叔，我们在老家开了几个月火锅店，天天都吃火锅，我们的火锅味道比他们店里的火锅味道好，对不？”我脱口而出：“那还用说吗？肯定的啊！”“那火锅底料是你亲自炒的，你教我不就得了？”王宇接着说：“那个老板急着让我去炒一锅底料，中午就要，他说如果味道没问题，马上录用我。”

王宇两眼冒光，我却发了愁：“我现在没法教你啊？咱没锅没材料啊！”“我想到了一个绝妙的办法。三叔，我刚才已经跟老板说了，我炒底料的时候，谁也不能进厨房偷看，不能学了去。而且我学的是正宗的重庆老火锅的做法，所以要炒大锅，底料味道才最好。老板也同意了。

这样我就可以顺理成章地带你去当帮手了！我俩怎么搞，他们都看不见。再把小孙带去帮忙，不仅可以干扰他们，还可以增加我们的神秘感。”我听了直乐：“这还真是个好法子，这样搞几次，你也就真的学会了。等你学会了，我不在那儿，你就找其他的帮手，也可以搞定，不会露馅儿。”

于是我当即写了个炒大锅底料需要的调料清单，让王宇手抄一遍后，先去“川妹子火锅店”备料，中午1点钟的时候，我再过去给王宇帮忙。

我到了火锅店的后厨之后，就和王宇按照计划关上了厨房的门，由王宇负责炒，我负责下料，我一边下料一边教他。老板偶尔从窗户玻璃外看看我们，显然，他也非常怀疑这个18岁的“小大厨”能否救场。两个多小时后，底料炒好了，我又详细地教王宇打好一锅试吃的锅底，然后我就走掉了。

晚上6点多，我特意带了两个老乡去“川妹子火锅店”捧场，顺便看看王宇的计划进展如何。王宇见我们来了，掩藏不住开心，悄悄地告诉我老板对我们炒的底料十二分满意，品尝了下午的第一锅锅底后，马上又给他加了200块工资，说以前的那个厨师就是一个月1200块，虽然王宇年纪小，才当大师傅，没有多少经验，但炒底料的手艺的确不错，大家试吃后，公认比跑掉的那个大师傅炒得味道还好，所以不能亏待了王宇。

“川妹子火锅店”有30来张小方桌，每天晚上翻台2次以上，生意好的时候一晚超百桌。我们炒的这种大锅底料平均每星期要炒一次，第二次我就让王宇负责下料，我主要负责炒制了。三四周的磨合之后，王宇完全学会了炒底料的方法，工作也就非常稳定了，后来有个老板想在芒市开大型火锅店，以一个月1800块的月薪挖王宇去当大厨，王宇没去。

王宇在瑞丽做了不到一年大厨就风光殆尽了，那是在我离开瑞丽4个月后。王宇口袋里有了钱，就又起了赌心，有一天，发了工资，他趁着休息就去了缅甸的赌场。那天，王宇不仅把自己带的1000多块工资输光了，还把从赌场借的3万块高利贷也输了个精光，最后被放高利贷的团伙扣押了，要他打电话找人拿钱来赎人。

王宇给我打来电话，当时是下午3点左右，我正在丽江古城我的小饭馆的后厨里烧上油，准备做辣椒油，接到王宇电话就把火关到最小，出去接电话。原计划快去快回，可听说要3万多块，我就蒙了，别说3万，我当时连两千都没有啊！知道有人监听，为了王宇的安危，我在电话里装模作样地大声敷衍，并信誓旦旦地承诺一周之内筹齐3万多块打过去，我装作是“成熟而深沉”的“三叔”，用中年人的腔调，要监听的人好吃好喝地招呼我侄子。挂了电话，我就琢磨这事怎么办，全然忘了厨房里烧着油，火没关。直到厨房隔壁守厕所的纳西族阿姨慌张地跑过来，手忙脚乱地指着厨房的方向，用纳西普通话冲我大叫：“冒烟了，着火了！”

等我回过神来，赶紧冲进火光闪烁的厨房。幸好厨房有个大水缸，我迅速用锅盖盖上了着火的油锅，然后赶紧把外套脱下来，在水缸里泡透，迅速扔到已经开始燃烧的锅盖上。然后我用盆子打了水，一盆盆往刚着火的木头房梁上泼。幸好房梁被烧着不久，也就一两分钟的工夫，我泼了十多盆水，半缸水下去，火就被扑灭了。而我的服务员小妹胖胖的金花竟然全程吓傻，呆呆地立在一旁看我一顿操作，她居然什么都没做。事后，金花跟我说她被吓蒙了，当时脑袋一片空白。也好在及时扑灭了大火，没有造成严重的后果，后来消防队和居委会让我写了检讨书，训了我一通，也没有对我进行处罚，算是有惊无险虚惊一场。

再说回王宇，他也算胆大心细运气好，在给我打过电话3天后，就成功地通过威逼利诱，伙同他的看守——欠了5000元高利贷的打工抵债的小伙，在半夜一起成功脱逃。

缅甸赌场里有这样的规矩，欠高利贷还不上的年轻小伙儿可以卖身抵债，欠一万以下打工抵债，欠一万以上签协议到毒品工厂去工作几年，再欠的多了就会被协议卖去做雇佣兵。王宇骗看守自己的打工抵债的小伙儿，说高利贷团伙计划打算几天后把欠了两万到五万的一批人，以一个人 5 万的价格卖到毒品工厂去，顺带把这个打工抵债的小伙儿也卖过去。小伙儿知道高利贷团伙打算卖一批人，但自己欠的高利贷没有那么多，所以他不相信自己会被卖过去。然后王宇就不断地给小伙儿洗脑，说这些放高利贷的坏蛋们是不讲信用的，碰巧小伙儿做看守的这大半年，确实亲眼见过一个小伙儿只欠了三千却被以 3 万的价格卖给了毒品工厂，所以看守王宇的小伙儿最终被王宇说服，帮助王宇一起逃脱。

王宇和那个小伙儿从缅甸赌场跑出来后，跑过边境线上的香蕉林，一路跑回了中国境内的姐告镇，打车到瑞丽，找我的朋友胡大哥拿了一千块钱，然后两个人连夜包车到了离瑞丽 100 公里的芒市，第二天又从芒市坐大巴到了昆明，然后王宇回了宜宾老家，小伙儿回了自己的老家昭通。

这次经历对王宇来说刻骨铭心，从那以后，王宇再不沾赌，再不打牌。

后来王宇在老家待得实在太闷，就去广州打工，后来又回了四川。

2002 年下半年，王宇来到丽江，我就教他如何到客运站去拉客。当时的丽江客运站紧靠古城，离木府走路只有 5 分钟。那时候在客运站拉客的主要是周边低端小旅馆的老板或者小旅馆里年轻的女服务员，他们总是天一亮，就赶第一拨进站去拉客。我让王宇每天早上在天亮前半小时进站去拉客，这样，就可以成功地避开所有的竞争对手，而那个时候下车的客人，因为天色尚黑，更需要帮助，于是就更容易拉客成功。

王宇年轻帅气，嘴皮子利索，脑子灵活，两天后，竟然就和客运站里十多个拉客的女服务员打成了一片。他简直是拉客的天才，迅速开发出更省事更快捷的赚钱方法。拉客到古城住下，平均一间房能挣 10 元到 30 元不等，王宇去得早，拉到的客人多，成交后，他就直接让客运站里陆续而来的女服务员们给带到她们的小旅馆住下，然后按一个人 5 块钱给姑娘们提成，这样王宇就不用自己跑来跑去，极大地节省了路途成本，提高了工作效率。当客人在王宇介绍的客栈住下后，王宇能赚到客房的提成，王宇的“早班”也就差不多结束了，他会继续帮客人张罗包车、订票，然后赚取二次消费的提成。王宇在前端拉客，我在后方接应，负责带客人去雪山、虎跳峡徒步，我们就这样形成了“一条龙”的服务模式。

有一次在玉龙雪山 4680 米的观景平台上，有个美女的胶卷刚好用完了，我快速跑到位于 4506 米处的服务中心，给美女买了胶卷回来，一来一回用了不到 20 分钟，美女惊叹不已，说我简直就是“雪山飞狐”。于是我和王宇干脆就用“雪山飞狐”做了招牌，组建了“雪山飞狐俱乐部”，开展旅游业务。

2002 年冬天，有一次，王宇带 4 个客人去雪山冰川公园游玩，下午上山的时候，风特别大，还遇到了索道吊厢脱落事件，脱落掉入山底的吊厢竟然就是王宇和客人所乘坐的吊厢的前面那节，幸好掉下去的是空箱！客人上山后，索道紧急停摆了 4 个多小时，客人受了惊吓，再没心情游玩，40 来个游客被困在山上，直到故障排除险情结束，晚上 8 点多才下山。还有少数几个游客因为寒冷和高反去市里的医院输液吸氧，其中有一个女顾客就是王宇的顾客。后来，在索道公司的积极努力下，大家都得到了妥善的安排与相应的经济补偿。而王宇因为是无证导游，而且没有买索道票，也没有高反等身体反应，没有得到经济赔偿。

接下来的 2003 年，王宇在非典期间，还被他在丽江客运站认识的一位纳西族姑娘拉去北海搞传销。识破传销的骗局之后，王宇回了丽江，跟我一起在丽江新城的“川耗子餐馆”帮忙、拉客。

王宇勤奋好学、头脑灵活、行动迅速，对旅游相当热忱，2003 年非典结束后，他得到一位来自广州的客人薛大哥的认可。薛大哥投资了 18

万元，王宇投资了 5 万元，二人合伙开了一个有 11 间客房的客栈。薛大哥给了王宇一半股份，由王宇负责经营，王宇第一次自己做了老板。

后来王宇又开了一家客栈，我给起的名，叫“彩云居”。2008 年之后，王宇回了四川宜宾，陆续地做了一些煤炭和砂石生意。前几年煤炭和砂石价格暴涨，王宇赚了好几个亿，买下了宜宾废弃的“豆坝电厂”，建起总投资额超过 5 亿元、川南地区规模最大的“亿豪”钢构厂，算是就此完成了草根到亿万富翁的华丽转变。

“戏精”张元虎

幽默的张元虎的漫画形象

2002 年秋，我在古城新华街上走访客栈，找到了位于大水车与四方街之间的木瓜客栈。当时木瓜客栈一边装修一边营业，我寻思他家装修完肯定希望有更多更好的客源入住，便找到了老板娘。老板娘一口浓重的山西普通话，听说我是做旅游的，有客源，马上介绍我跟她的老公张元虎认识。张元虎是山西平遥人，刚 40 岁，健谈到话痨，一开口就机关枪一样停不下来。张元虎非常热情，邀请我一起吃午饭。有意思的是，吃午饭的时候，一位小姑娘过来找工作，张元虎跟她说，如果要到他家工作，前台、接待、打扫房间，各种活都要干，而且平均每天工作时间是 12 个小时，然后张元虎问姑娘一个月想要多少钱工资。这个姑娘叫和晶晶，她说自己的朋友在别的客栈打工，一个月 200 块钱，她第一次打工，没经验，但也希望一个月能赚到 200 块钱。老张迅速接茬，说你要是不怕苦不怕累，我一个月给你 400 块钱。当时和晶晶就愣住了，“真，真的吗？”和晶晶瞪大了眼睛，双目放光，惊讶地合不上嘴。张元虎笃定地说：“当然是真的，君子一言驷马难追！”然后挥舞着双手表演似的强调：“下午马上就可以上班的啦……今天就开始算工资的啦……”说这两句话的时候，张元虎用的是夸张的广东话的腔调，吓得小姑娘都害羞了，脸都红了。这时候张元虎的老婆走了过来，和和气气地对小姑娘说：“来吃饭吧，吃完一起上班，一起干活。”小姑娘这才意识到张元虎并没有开玩笑，张元虎颠疯的幽默才算尴尬收场。

张元虎对人的确热情，当他了解到我还在租房住，就真诚地邀请我和王宇住到他的客栈里，这样我们就可以一边帮他的客栈拉客，一边再把客栈的客人带出去旅游，赚二次消费的钱。我们带客人出去赚的钱都归我们自己，张元虎不抽成。就这样，我当上了木瓜客栈名义上的合伙人。

当时，木瓜客栈正在将普通床位的房间改造成有卫生间的房间，并提升了装修的档次。老张非常强调房间的隔音效果，他说去年自己第一次来古城时住的那个客栈，自己的房间两侧，一间是一对青年男女亲热了一宿，另一间是一个胖子打了一宿呼噜，搞得他整晚没睡，还留下了失眠的后遗症。张元虎讲述这些的时候，总是伴随着自己独特的、颠疯的、夸张的，也可以说是惟妙惟肖的表演……

木瓜客栈有两个院子，前院的租金一年 6 万元，有 15 个客房；后院的租金一年 2.8 万元，有 8 个房间；还有未改造的房间，也就是没有卫生间的房间。未改造的房间一间40块钱一天，改造后有卫生间的房间120到180块钱一天。木瓜客栈用更好的服务与较低的价格吸引了很多客人。几天后，木瓜客栈又招了一个叫小熊的姑娘做服务员。小熊是泸沽湖附近山里的普米族姑娘，初中毕业后就出来打工，还自学了英语，基本能和老外交流。

老张给两个女服务员开出的工资比丽江女服务员的平均工资翻了一倍，就是这每月400块钱，激励了这两个十七八岁的姑娘，她们几乎无所不能，有用不完的力气，甚至到了晚上，还帮着装修的小工背砖背土，再苦再累两个姑娘也没有怨言，开开心心，快快乐乐。老张还经常主动邀请客人一起晚餐，他亲自带着客人做菜做饭。值得一提的是，老张跟我特别默契，我们对客人都是亲人般地热情，所以我们的回头客非常多，经常有客人在外面逛街或者游玩，回来的时候就帮我们拉了其他的客人回来入住。

2002年到2003年跨年夜，我是在老张的木瓜客栈里过的，我还喊来了在四川读大学的妹妹小玉，她在丽江过的年，还在客栈里帮了一个寒假的忙。大年三十的前一天下午，老张给装修工人结账，把我手上的2000多块钱存款都借走了。大年三十一早，我就揣着自己所有的家底儿——不到100块钱的零钱，背着背篓去忠义市场买菜了，我得准备晚上木瓜客栈里老板、员工，连同十多个客人的年夜饭。记得当时我满心忐忑，先来到肉摊区，一抬头就看到了我经常光顾的肉摊，卖肉的纳西族大姐跟我很熟，她笑着招呼我。于是，我瞬间萌生了向这位卖猪肉的大姐借钱的想法，我先选了足足20来斤肉，让大姐称了，算完账180多元，大姐说给180元就行了。然后，我深吸一口气，鼓足勇气对大姐说：“姐姐，今天我没带钱出门，你看能不能借我320块钱的现金，凑个500的整数，过了年我还你！”我是满心不安，生怕被大姐拒绝，没想到大姐一口答应：“可以！”然后大姐给我数了320块钱，连欠条都没让我打，就递给了我。大姐效率高得让我特别不好意思，甚至有点紧张、有点害羞。我认真地记下大姐的电话，拿过钱的时候手都有些抖，细心的大姐看到了我的紧张与羞涩，爽朗地说："我姓杨，你叫我杨姐就好了！"瞬间，我的内心温暖起来，不再那么紧张。

回去后，我跟老张分享了向陌生的杨姐借500块钱的事儿，老张要我把这位豁达大度的杨姐介绍给他认识，再后来，老张和我开了几年饭店，不管是店里买猪肉还是买来自己吃，我们没再买过别家的猪肉，只认杨姐。

老张虽然是话痨，但也是一个追求极致品质的偏执狂，他是山西人，做面条的高手，到云南后，他觉得蒙自米线总还是欠缺那么一点最高级的味蕾体验，于是老张要研制一种能征服美食家的米线，并取了一个古老的名字，"毳元子米线"。

老张的"毳元子米线"里的肉圆子，原料一定要选用香格里拉放养20个月以上、体重130斤左右的藏香猪；而他做米线用的大米，一定要选用云南高原日照充足、无公害的优质大米，用古法小石磨低温磨制。当倔强的高原米遇到古法小石磨，磨出的米粉就会柔软而筋道，做出来的米线一口吃下去，筋道十足而又柔软适中，味蕾在爽滑的体验下感受到充分的饱满。经过老张偏执狂式的一次次研发，最终取得了满意的效果。"毳元子米线"完美的口味最后彻底征服了安老师，安老师还约了朋友，打算各卖一套房子，准备跟老张一起投资创业，开创他们的"毳元子米线"时代。我想，等老张生意好到爆的时候，他必定忙得不可开交，就不会说那么多话了，也就能多服务一些客人了吧。

老张的木瓜客栈在2002年装修了3个多月，到后期，全凭老张的好口才才借足了装修的钱，总计投入40多万元。不过经营了一段时间后，就遇上了非典，基本就没生意了。2003年非典一过，生意好一些，老张就以68万元的价格将木瓜客栈转让了出去。

老张是在古城靠装修然后转让客栈赚钱的先行者。他的“戏精”特质是民宿主人所具有的质朴、热情的品质的精髓；他对员工的真诚大方、对客人的优质服务，也是丽江民宿老板开心明白赚钱的典型代表。

纳西人老杨

杨寿春的皮卡和其故乡的“水性杨花”

老杨是司机，开微型皮卡帮安老师的客栈拉客，他不到40岁，上有80岁的父母，下有两个十多岁的女儿，妻子在农村干农活，还带孩子、照顾老人，非常能干。

2001年年底，安老师介绍我和老杨认识，刚开始合作时老杨几乎每天都带游客去雪山。玉龙雪山早期的牦牛坪索道是北京某公司开发的，索道费每人60块钱，给拉客的导游提成20块钱；骑马每人60块钱，提成30块钱。客人多的时候，老杨的微型皮卡前面坐四个后面坐六七个人，也有客人喜欢刺激，还有客人怕晕车，就主动坐在后面的货厢里。老杨的微型货车若是拉满了游客，去牦牛坪一趟，比我们租出租车提成要多两三倍。每次我用老杨的车，给完车费后赚的各种提成，我还会再给老杨分30%。

2001年年底的一天，老杨请我去他家拉市海吃杀猪饭，傍晚我们一起去看风景、看候鸟，在拉市海的湖边，老杨指着漂在水面上的一片白色小花说，这就是忠义市场和饭馆里卖的那种叫“海菜花”的野菜，是拉市海的特产。当时夕阳西下，红色的晚霞照映着水面上的白色小花，我突然灵机一动，对老杨说：“这个菜应该叫‘水性杨花’。”

为海菜花取名“水性杨花”的那一晚，我竟然兴奋地失眠了。第二天，我的小饭馆的小黑板上就挂上了一道特别推荐的菜肴：丽江第一好吃的野菜——水性杨花。

“水性杨花”生长在丽江周边200余公里的范围之内，最高长在泸沽湖里，最低长在洱海里。海拔2300米左右的1—2类水质最适合“水性杨花”生长，海拔2800米以上、海拔1700米以下的湖泊里就没有“水性杨花”的踪迹了。

后来“水性杨花”这个名字被大家叫开来，而海拔1900米、1.6类水质的大理洱海则逐渐成为“水性杨花”的主产地。

继2001年雪山上牦牛坪骑马一个人30块钱的较高提成之后，2002年，我们这些拉客的导游的提成像坐过山车一样飞涨。被称为香格里拉之父、西方纳西学之父的美籍奥地利探险家约瑟夫·洛克曾经居住过20多年的玉湖村，在2002年推出了底价100块、定价200—300块的沿玉龙雪山西面山坡骑马上山的旅游线路，也就是说，玉湖村一个客人只收100块钱，而我们这些拉客的导游的报价则定在两百到三百块钱。有一天，我拉了一大批学生，共计50多人去玉湖骑马爬山，我给这个团队

200 多元买一送一的价格，就这样的价格，算下来每人我还能赚 40 多块钱。除了给司机的车费，我最后还剩下 2000 多块钱。那是我拉客以来第一次日收入这么多。当时老杨瞪大了眼睛看我点钞票，我点了 1000 块钱放进自己的口袋里，剩下的 1000 多块钱，我全部给了老杨。老杨不解地问我："为什么要给我这么多？"我问他："你拉客以来，是不是从没有哪天挣过上千块钱？"老杨点头，说："我最多一天连车费一起挣了 600 多块钱。"我笑着对他说："好，今天就是你第一次一天挣上千块钱。"后来，老杨就成了服务质量超好的高品质拉客司机，通过老杨的优质服务，我们的回头客越来越多。

2003 年初，我和老杨合伙在新城的福慧市场开了一个名叫"川耗子"的餐馆。饭馆早中晚都开门卖餐，早上卖包子、稀饭和牛肉米线。纳西本地人喜欢吃面食，早上大都喜欢吃包子和馒头，我就从成都找来了林师兄，他的包子做得非常好。值得一提的是，林师兄的绿豆稀饭煮得也很好，正是他的绿豆稀饭让以前早上从不吃稀饭，只喜欢就着茶水吃包子的纳西族客人，逐渐习惯了就着绿豆稀饭吃包子。

这里说说林师兄煮绿豆稀饭的秘籍，以飨读者。林师兄在煮绿豆稀饭前，先将绿豆放到加盐的开水里浸泡 20 分钟，开水要 3 倍于绿豆，盐有绿豆的二十分之一就够了。然后用大锅把水烧开，将绿豆滤出来，用清水冲一下，与洗过的大米一起下锅。接着用大火煮，开锅之后用中火煮，等绿豆与大米同时开花，就可以关火了。这种方法煮出来的绿豆稀饭颜色又白又亮，不是常见的淡绿色，但味道却更香更好吃。

"川耗子餐馆"在大家的齐心协力下，生意一直挺好，老杨的妻子也来店里帮忙，他们两口子始终把我看作当家人，一直由我管钱。每个月不管分多少钱，我都交到老杨老婆的手上，嫂子每次都开心地跟我说谢谢，永远都是一脸笑容。我们的川耗子饭馆在 2003 年非典期间也没有歇过一天，一直生意不错。

2007 年，我做了阿拉丁旅游，老杨在拉客途中遇到了两个湖南的小伙子，老杨凭着直觉觉得这俩小伙子人不错，有头脑，就都介绍给了我。这两个小伙子一个叫程自军，后来成了我们的前台接待兼销售能手，另一个叫熊成伟，他从普通的领队做起，在阿拉丁的业绩高峰期做到了总经理。

2015 年的一天，我接到老杨的大女儿小娟的短信，说老杨病得很重，进了丽江市医院。两天后我回到丽江，赶紧去市医院看老杨，没想到身高 1 米 75，多年来体重一直 160 多斤的老杨，竟然已经骨瘦如柴了。老杨见到我就说：“沈三，我应该是快死了，但他们都说没事、不严重，我不相信，我害怕，他们肯定没有告诉我实话。”听了这话，我心里重重地压了块大石头。

后来老杨的女儿告诉我，老杨已经肺癌晚期了，还有支气管炎等并发症，丽江市医院已经治不了了，建议回家，或去昆明再看看。

老杨进了昆明的医院后，跟女儿说想见我。我接到电话就赶紧开车去昆明，5 个多小时后，我在昆明的医院见到了老杨。当时老杨已经没法正常进食了。最终，我说服了老杨的大女儿小娟，她终于告诉了老杨实情，那就是“癌症晚期”，已无法医治。医院的建议是，此次排查结果出来后，如果状况好，就在医院再治疗一段时间；如果状况不好，就打起精神回家，能活多久算多久。老杨听到实情后，愣了两分钟，精神却好了一些，我扶他坐起来，老杨抱了抱我，笑着对我说：“我能接受，人总是要死的，只是没想到来得这么快。以前我们一起拉客的时候，冬天总会买烤红薯吃，那味道真是好，好想再吃一次烤红薯啊！”我对老杨说：“我这就去买，一定能买到。”那天下午 5 点多，我开车在昆明附近转了 3 个小镇，终于买到了好吃的烤红薯。想到这也许是老杨和我最后一次一起吃烤红薯了，我突然觉得人生无常，生命何其脆弱。

当晚，我连夜开车回了丽江。第二天，小娟在电话里告诉我，老杨精神好起来了，是住院以来精神最好的一天，没有痛苦的呻吟，也没有发脾气，还能稍微吃一点点东西了，并且愿意慢慢地跟人说话。三天后，医院建议回家，老杨回到丽江拉市海家中两天后去世。

人总是要死的，在病痛面前，特别是癌症病人，应该得到真诚的对待。成年人在病痛的关键时刻，应该拥有接受死亡的尊严与勇气。我觉得老杨最后对于死亡是接受的，他不再恐惧，葆有了生命最后的尊严。有一天，九泉之下，我再见到老杨，相信他会再一次拥抱我，并感谢我在他生命的最后时刻，在他还清醒的时候，成全了他对自身病症的知情权；相信他也一定会感谢他的女儿，给了他作为一个父亲足够的信任与最后的尊严。

客栈精英
——十多年在古城开过 5 个客栈的刘海龙夫妇

非典刚结束不久，一天大清早，张元虎带了老家来的兄弟刘海龙和刘海龙的老婆来我们的川耗子餐馆，他介绍我和刘海龙夫妻认识，然后一起吃了我拿手的牛肉米线。

刘海龙夫妻在张元虎的木瓜客栈帮了一段时间忙，在 2003 年年底，物色了新华街上距木瓜客栈 50 米的一个一进两院、年租金 6.8 万元的院子开客栈。当时刘海龙夫妻拿出了 20 多万元，张元虎刚转让了木瓜客栈，手上有点钱，就借给了刘海龙夫妻 20 万元，于是刘海龙夫妻开始装修客栈。三个月后，在 2004 年的春天，拥有 17 间客房，房间平均定价 100 元的木森客栈开业了。

2004 年清明节后，丽江的游客数量稳步增长，我就把新城的饭馆交给了老杨夫妻，自己到古城专职做旅游，我依旧采用之前在木瓜客栈跟张元虎合作的模式，在刘海龙的木森客栈驻扎下来，拉客、做饭、做旅游。生意太忙的时候，我就把老家 50 多岁的父母叫过来帮忙买菜做饭，总之客栈大部分的客人都由我来负责吃饭和出游。在客人用餐时，我充分与他们交流，了解他们的需求，从而大大地提高了客人们的满意度，增加了我的旅游业务的成交量。

木森客栈门口还有个 10 多平方米的小铺面，是杨浩华姐姐的，平价转让给了我，那间铺面里的存货折算下来不到 3000 元，一年的铺面租金是 7000 元，我花了一万块钱就顺利开始营业了。

我还找了一位在阳朔西街画过人像 T 恤的年轻女老师合作经营。韩老师在大学里做过美术老师，她的现画人像 T 恤平均 80 块钱一件。韩老师每天在店里卖 T 恤，我从她的收入里抽取 20% 作为租金。她平均一天能卖 10—20 件，每个月从她的收入中抽成的租金足够我应付这个铺面的租金了。然后，我依托铺面，挂上小黑板，发布旅游信息，给客人们提供旅游咨询，开展旅游业务。韩老师每次画 T 恤，都要客人坐上 20 多分钟才能画完，这个时间刚好适合我拉客交流，推广我的旅游业务。

此后，我和表侄王宇一起守店、接待客人、带客人出行，人多的时候我们就拼团出游，我们还培训了 17 岁的男生小建和 19 岁的女生小菊一起带团，人手实在不够的时候，连刘海龙也被我派出去帮忙带团。刘海龙乐意带团，说出去带团比在客栈里被老婆管着自由开心，这也是刘海龙唯一自己喜欢的而且不被老婆反对的差事。7、8 月是丽江旅游的旺季，2004 年的那两个月，我们忙疯了，连刘海龙都连续带团一个月，其间只休息了一天。小菊与小建在带团旺季基本上没有休息时间。值得一提的是，2004 年，刘海龙的木森客栈全年入住率超 80%。

那个年代，古城的客栈常有小偷光顾，有天晚上 12 点多，我被院子里的打斗声吵醒，以为又是小偷，翻身起床冲了出去。结果是还在客栈吃饭的一对年轻夫妻。这对夫妻来丽江度蜜月，丈夫是警察，此刻却正在暴打新婚的妻子。眼看那妻子的脸已经被打肿了，眼睛也成了熊猫眼，我赶紧冲过去拦住了做警察的丈夫，最终那丈夫还是狠命踹了妻子一脚，才被我和刘海龙拉到了一旁。刘海龙的媳妇小丽示意我们把那丈夫拉走，我和刘海龙好说歹说才把那男人拉出去吃烧烤。边喝酒边聊天，这才知道，这小两口晚上去酒吧街的樱花屋喝酒，遇到了隔壁桌的男男女女四五个人，于是大家拼桌一起喝。喝得差不多了，往回走，这丈夫明明记得牵着老婆的手出的酒吧，结果回到客栈门口，才晕乎乎地发现老婆不见了，就原路回去找老婆。没想到走到四方街的时候，远远就看到老婆正与一名男子抱在一起，在四方街科贡坊桥上激吻。警察丈夫从看见老婆与人激吻到走上前确认至少花了 1 分钟，而在这 1 分钟里，他就眼睁睁地看着新婚妻子和那名男子激吻，直到被他打断。

整晚，我和刘海龙都能感受到警察丈夫的憋屈、痛苦和愤怒，刘海龙和我轮番与警察丈夫碰杯，灌了他 30 多瓶啤酒，直到把他灌醉，趴在桌上支支吾吾说不出话来。然后我和刘海龙把他架回了客栈，放在我的房间里睡了一宿。

我和刘海龙的交情就是从那时候建立起来的，2007 年以后，我做了阿拉丁旅游公司，只要缺导游，就去找刘海龙帮我带团。2011 年，刘海龙还跟我一起带团去西藏环游 25 天，他给我做司机，不收我一分钱，真的是亲如兄弟。

刘海龙夫妻在后来的 10 多年里，在古城陆续开了 4 个客栈。

在 2014 年之后，丽江的客栈房租普遍暴涨，就拿刘海龙夫妻最初开的木森客栈来说，当 2010 年的合同到期后，房租从 6.8 万元直接涨到了 38 万元。而且古城的客栈越来越多，新开的客栈装修越来越豪华，一般装修的客房根本卖不上价。房租贵，网络发达之后信息透明度非常高，二次消费越来越难做。

后来，刘海龙夫妻很少靠客人买东西的回扣与参加“杀猪团”拿人头费的方式赚钱了，他们两口子不擅长这些。从 2014 年之后，丽江的客栈老板们越来越难赚钱，一半以上赚不到钱，那些蒙头瞎干，只讲情怀的客栈老板，最终都亏得狼狈不堪。

丽江这个地方，二十多年来，大浪淘沙，能留下来的客栈，就是精英客栈了。

猪肉西施——刘英

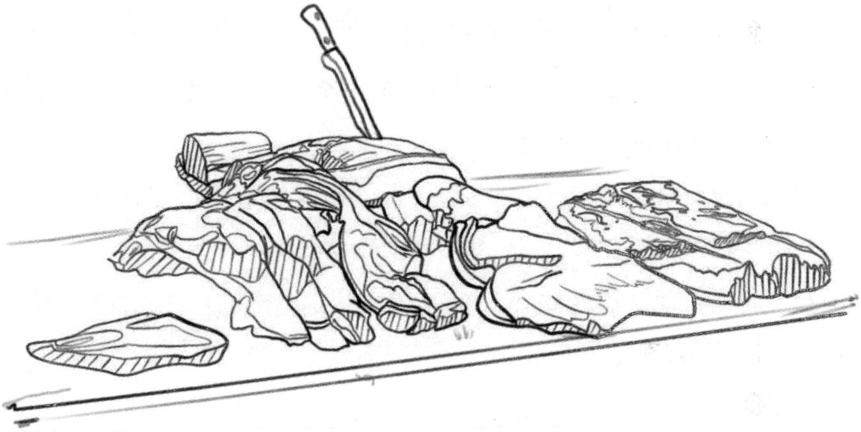

刘姐的猪肉摊

2004 年 8 月底的一天，刘海龙突然问我这几个月做旅游赚了多少钱，我说将近 10 万元。刘海龙笑着对我说，隔壁有个小院子，有 8 个小房间，房租不高，一年两万二，他建议我也投资开个客栈，不仅可以增加收入，对我的旅游业务也有补益。他还说我可以自己干，也可以跟他合伙，我投 70%，他投 30%，一起干。

第二天晚上，刘海龙和我就一起见了房东两口子，男的姓和，在居委会工作；女的姓刘，在忠义市场卖猪肉。刘姐气质与谈吐都不一般，我实在难以将她和印象里忠义市场卖猪肉的妇女们联系到一起。

聊着聊着竟然发现，刘姐和我是老乡，而且小时候都生长在同一个地方。刘姐的父亲是四川人，年轻时在丽江当兵，做到军官，娶了刘姐的妈妈——丽江古城的纳西族女生。后来刘姐的父亲转业回了四川，分配到我的老家宜宾珙县的芙蓉监狱做狱警。芙蓉监狱还从事煤矿生产，下属的芙蓉煤矿是川南地区第一大煤矿，日产万吨煤炭，60 年代就开通了将煤炭运送到宜宾与内江发电厂的铁路专线。芙蓉监狱的围墙离我舅舅家几十米，小时候就住在距离芙蓉监狱 3 公里的村子里，监狱还占用了我们村的一小块土地，也正因为这样，芙蓉煤矿给了我们村 5 个进工厂当工人的名额，我的父亲得到了其中的 1 个，在 20 世纪 60 年代走进了芙蓉煤矿，从农民变成了煤矿工人。

刘姐的父亲上班的中队与刘姐出生并长大的地方，离我外婆家就 100 米远，我妈妈年轻的时候还认识刘姐的母亲。

与刘姐愉快地认了老乡后，刘姐当即拍板签下协议，并将 3 个月的装修免租期直接加到了 6 个月，还将房租降到了一年 2 万元。

签完协议我问刘姐是不是上过大学，因为她讲话极有水平，气质非凡，刘姐这才说自己是云南师范大学毕业的，毕业后分到丽江做了初中老师。之所以卖猪肉，是因为 1996 年地震那年，暑假期间，刘姐老公的二姐让刘姐去帮忙卖了几天猪肉。这位老师干了 3 天后发现，二姐每天卖一头猪，下午 2 点就可以下班了，而一个月挣的钱，却相当于她 4 个月的工资。于是刘姐问二姐，可不可以扩大摊位规模，每天卖 2—3 头猪呢？二姐说，没想过，照理说应该是可以的。

二姐在同一个摊位干了近 10 年，老顾客多，更厉害的是二姐 10 年来练就了火眼金睛，绝对不选喂饲料的猪，不选病猪，也不选偏小或偏大的猪，也就是说，老顾客们 10 多年来只要在二姐手上买猪肉，买到的都是毛重在 300 多斤，没喂饲料的，养了 10 个月以上的上等猪的肉，二姐长期以来选品标准稳定，所以收入稳定，总能比其他人提前两个小时卖完收工。观察后，刘姐马上进行了推理及演算，确定二姐扩大规模绝对可行。她又观察了一段时间，发现整个市场卖猪肉的都是妇女。事实上，在丽江纳西族的传统认知中，杀猪卖肉就是妇女的事儿，这也算是纳西族几百年的传统，而看遍整个市场，刘姐发现没有比她更有文化、更漂亮、更有气质、更能说会道的女性了。所以刘姐认为，自己的知识与能力加二姐 10 年来的稳定选品，必定能做到忠义市场猪肉第一铺。

于是刘姐毅然从学校辞职，到忠义市场当起了卖猪肉的老板，她与二姐联手，每天卖 2—3 头猪，她后来还对选猪、拉客户做了流程化梳理，通过精选优质客户锁定每日的重点工作。再后来，刘姐和二姐租了两个摊位，每天每个摊位都能卖 3 头猪。特别值得一提的是，刘姐到忠义市场三个月后，就做到了平均每天 12 点半卖完两三头猪收工回家，而其他摊位则每天平均每个摊位卖出 1 头猪，到下午 4 点才能卖完。

刘姐与二姐合作，六四分账，刘姐自然而然地当起了大股东，而对二姐来说，比以前多赚了不少，每天还能更早收工，她自然开心不已。

说回刘姐的房子，我们签了合同后交了一年的租金，就立即开始装修了，装修到一大半的时候，刘姐见进展缓慢，就知道我缺钱了，于是她主动借了 3 万块钱给我，让我尽快装修，早点开业，早一天赚钱，这让我非常感激。

刘姐名叫刘英，后来人称“丽江猪肉西施”。

把丽江酒吧街的啤酒定价翻了3倍的女老板——露秋

2004年夏的一天，我带一拨客人上了玉龙雪山，下山后其他几个客人当天晚上就乘飞机离开了，只有在广州机场工作的帅哥阿欢没有走。阿欢跟我年纪相仿，性格开朗、乐于助人，白天在雪山上就给团队增添了不少欢乐，还跟我分享了他在广州白云机场工作的服务经验。

晚上，我带阿欢逛古城，走到四方街的时候，阿欢要请我喝酒，说我们在这里边喝酒边搭讪吧，看能不能约到美女一起喝酒。于是我们就在四方街通向酒吧街河边酒吧的第一张桌子旁坐下，点了两瓶啤酒。我们所坐的位置是四方街广场最高的河边一角，可以看到整个四方街和酒吧街。

一会儿就来了一大拨中年人，有七八个，广东口音，过来就问我俩旁边的桌子可以坐吗，阿欢用广东话友好热情地应答：“可以可以。”河边只有2张桌子，加起来能坐8个人，阿欢和我坐了其中一张。阿欢转头又跟我说，要不我们坐到里面去，把这个位置让给他们，他们人多，别耽误人家做生意。我说可以，阿欢便主动对那拨人说：“我们这张桌也让给你们坐吧”，说完就招呼他们坐下。

阿欢招呼那拨客人的时候，我进去叫老板过来点单，并让老板把我们的啤酒放在了室内的小空桌上，然后我和阿欢就走进酒吧里坐下。几分钟后，酒吧的老板娘走过来，一口川普，笑盈盈地对我俩说：“两位帅哥，刚才太感谢了，帮我招呼客人，还让座位，真的太感谢了，你们太好太帅了，今晚我请你们喝酒，交个朋友。”然后老板娘就拿了半打啤酒放到我们的桌子上，还让小妹去搞了几份小吃，她也坐了下来，向我俩敬酒。有趣的是，我们刚喝了两口，进来一对年轻老外，可老板娘和服务员都不会英语，只能递过去中英文对照的菜单，于是“交际达人”阿欢又用流利的英语招呼老外去风景好又舒适的三楼坐下，并帮老外点了单。

老板娘这下更感谢我们了，跟我们敞开了聊起来。老板娘姓刘名露秋，40 多岁，巧的是竟然是我的老乡，宜宾蜀南竹海人。2003 年国庆节后接手的这个小酒吧，因为位置在四方街科贡坊的石桥旁，所以改名为“桥咖啡”。酒吧占地只有 22 平方米，有 3 层，河边可以摆 2 张桌子，观景效果非常好。

露秋接手这家酒吧前在丽江考察了半个月，这家酒吧以前由两个大理的白族姑娘经营，啤酒一瓶 6—10 元，咖啡 8 元，茶水一杯 5 元。二楼是厨房，一楼仅吧台就占去三分之一，店里的座位加河边的 8 个座位一共也只有 30 个，每天下午 3 点以后陆续上客，平均每天几十个客人，从没超过 100 个客人。

露秋之前在成都和攀枝花都开过火锅店，十多年来到过许多大城市旅游，包括香港和泰国的一些城市。多年来闯荡江湖的露秋商业嗅觉敏锐，她看上了丽江古城四方街，认定这里游客多，消费档次高，她认为这里的啤酒和咖啡，定价应该和大城市持平，这才是这里应有的气质。

露秋的桥咖啡年租金 4.5 万元，转让费 6 万元，露秋又简单装修了一下，一共投资了 13 万元，重新开业后露秋调整了产品与价格，取消了大瓶啤酒，全部换成小瓶啤酒，18 元一瓶起，咖啡则一杯 18 元起，茶水、果汁一杯 12—15 元。如此一来，露秋保证了在人流量不变的情况下，营业收入比以前两个大理姑娘经营的时候翻了 2.5 倍，每天营业收入达到 3000 元左右，毛利 2000 多元，净利润 1000 多元。

自从露秋接手桥咖啡之后，她家“离谱”的价格就影响了隔壁的酒吧，乃至整条酒吧街，大家纷纷效仿，上调价格，平均利润暴增后，各家就开始扩大酒吧经营规模，还增加了各种演出，著名而繁华的丽江酒吧街才逐渐成形。

露秋身材娇小，性格却很江湖，女汉子一个，认识后我们就成了好朋友，她经常请我吃饭喝酒，外地或老家来了朋友，也总是叫上我一起吃饭。我没事儿的时候也常到桥咖啡坐一坐。2004 年底的时候，我的第一家客栈快装修完了，有一天下午，我从桥咖啡门口路过，露秋招呼我进去喝茶，小坐一会儿。露秋当时问我：“老三，今天状态不好啊！有什么烦心事？说给刘姐听听，姐帮你。”我说客栈马上就装修完了，买家具的 2 万多块钱现在还没着落。“就这事儿？你等会儿。”说完露秋就出门了，不到 5 分钟她就回来了，拿着从旁边的工行刚取的 2 万块钱递给我，豪爽地说：“借给你，拿去买家具，快点开业！”

露秋的为人处事和商业头脑，至今令人佩服。特别值得一提的是，服务行业的产品定价是一个大学问，露秋一针见血地把四方街酒吧的产品定价拉到了大城市的水平，正是卓越的敏感度与广博的见识，给了她成功的自信，也给她带来了丰厚的收入，同时也使得她的桥咖啡成为整个丽江古城提高商业利润和服务水平的参照。

火车上偶遇的王二

2004 年 6 月，我一个人带了个 128 人的南宁学生团，去香格里拉、梅里雪山和黎明，大环线 5 日游。带完这个学生团回到丽江，我就跟同行了 5 天，同在 1 号车第一排坐了 5 天的美女小灿老师谈起了恋爱。一个月后，我跑去南宁看小灿，在从南宁回昆明的硬座火车上遇到一位男生，他一身旅行者的装束。当时我就随口问那个男生："哥们，这是要去哪儿徒步？"这个男生回答："我去丽江，然后找伴去泸沽湖，打算从泸沽湖徒步 7 天去稻城亚丁。"我一听有了兴致："我在丽江古城做旅游，还开了客栈，可以帮助你结伴。很高兴认识你，我叫沈三。""你叫沈三？我叫王二。"男生爽快地回答。

王二是江西上饶人，跟我同龄，毕业于重庆师范大学英语系，目前在广州一所初中做英语老师。王二本名叫王恒俊，因为喜欢王小波并在大学期间读完了王小波的所有作品，为了向偶像致敬，化名王二。

王二告诉我，他在广州干得不太开心，学校太重视学生的考试成绩，而他作为老师与过来人，更关心孩子们能先开口说话，并能在初中到高中期间学会讲英语。所以每当他利用课堂时间搞口语练习，开展相关的趣味英语教学，导致学生考试成绩略有下降时，主任或校长就会找他谈话，"纠正"他的教学方向。

王二还问我，能不能在丽江找一个学校当英语老师？我告诉他丽江有个云南大学丽江旅游学院，是本科院校，待遇比丽江的初中和高中好一些，我认识在旅游学院做军训的教官负责人——武警军官谢参谋，可以介绍他认识。火车到达昆明后，我和王二吃早餐的时候，我就给谢参谋打了电话，介绍了王二的基本情况，说明王二毕业于重庆师范大学英语系，谢参谋说他和校长比较熟，这就向校长介绍一下王二的情况。

接下来，我和王二从昆明转长途大巴去丽江，刚上车，谢参谋就打来电话，说旅游学院下学期缺两个英语老师，正要招人，还说学生刚放假，英语系主任这几天就在丽江，明天上午可以去面试。这对王二来说，简直是天大的好消息。

到了丽江，第二天早上，王二就去旅游学院找系主任了。我一早开门后，就立即在小店的小黑板上挂上了征集泸沽湖徒步亚丁的“征友信息”。两个小时后，王二就兴高采烈地回来，告诉我工作的事落实了，工资待遇和他在广州的中学相当，主任对他的学历及英语水平非常满意。

王二跟丽江太有缘了，他在丽江简直心想事成。早上我挂上小黑板，下午 2 点多就来了两个女士，打扮不太像旅游，咨询泸沽湖徒步亚丁的旅程，俩人听我眉飞色舞地讲了一通，在听到泸沽湖到亚丁的旅程是 1928 年“香格里拉之父——洛克”走过的最美线路之后，俩人心动了，我又讲了徒步穿越的意义，特别是对她们这种心里一直想而从来没有参与过此类旅行的人，简直就是开创性的意义，沿途还有美丽诱人的风景和太多未知的惊喜，绝对适合两位女士尝试。最后两位女士问我怎么收费，我说这个是驴友自发的 AA 制活动，我不收咨询费，她们只要搬到我的客栈住，照顾一下客栈的生意就行了，我还热情地向给她们描述了同伴王二的情况。

原来这两位女士是从武汉跟团来丽江的，是武汉大学的老师，年龄大一些的陈老师 50 岁出头，是武大的图书馆管理员，年龄小一些的卢老师 30 多岁。两个人跟团从昆明大理一路玩过来，对导游走马观花式的游览和各种进店购物颇多抱怨，今天刚到丽江，还有 3 天行程才结束。我于是劝她们，与其跟团折腾，不如脱团自己玩，只是团费不退罢了。陈老师当机立断，马上拿起电话打给团队的导游，借口说在古城遇到了开客栈的亲戚，就不再跟团走了，剩下的团费也不用退了，就此结束了跟团的旅程。

我再次确认她俩的确要跟王二一起徒步旅行，然后打电话给正在古城闲逛的王二，让他回来帮助两位女士将新城酒店的行李搬到我的客栈来，然后再陪她们一起去户外用品店添置帐篷、睡袋和户外背包等一系列徒步的装备。

第二天，王二一行三人就去泸沽湖了，十天后从亚丁回来，三人就很稔熟了，看得出来他们一路相处得特别愉快，王二还认了陈老师做干妈，三个人一起在丽江又玩了 2 天。两位女士走后，王二也回广州办辞职手续了，他搬家到丽江前还要回老家一趟，看望父母，所以要到 9 月份开学前才回丽江。

8 月中旬，王二带着全部家当来到丽江，开学前，他跟我一起住了几天。王二是个电影迷，还是个摇滚乐迷，他有很多非常好看的电影碟片，他说学英语最好的方式就是看英文电影，跟着台词一句一句学，最后不看字幕能听懂 6 部不同风格的电影，口语跟听力就基本上过关了，也就可以跟老外正常交流了。有这样一位免费的老师在我身边，可惜我还是没有认真学习英语。

王二还带了 VCD 机与音响，后来我在王二的熏陶下，看了《两根大烟枪》《情人》《霍乱时期的爱情》，还有王宝强演的第一部电影《盲井》等好多我之前都没看过的好看的电影。后来，我们从刘海龙的木森客栈搬进了我新装修好的复兴客栈，我就把王二的影碟慢慢地看了一个遍。王二平时住学校宿舍，周末就来古城跟我一起住，我跟他一起看了很多国外电影，听了很多经典摇滚乐，就是英语这项王二最专业的技能，我是一点儿都没跟他学到。

2005年春，3月5日，也就是农历的正月二十五，周末，王二没课，在客栈住。早上起来后，古城下起了我来丽江那几年从没见过的鹅毛大雪，不到中午，古城的石板路上就积了很厚的雪，公路上还有车打滑抛锚。中午过后，雪越下越大，我和王二就决定去忠义市场买鱼，晚上做麻辣火锅吃。在去忠义市场的路上，在路过木府后的过街楼之前，我们看到有个院落门口贴着招租，推门进去，一位60岁左右的房东阿姨招呼我们，阿姨气质很好，像个文化人。阿姨向我们介绍了这处院落，这是前后相连的两个院子，后院非常气派，比一般人家的院子大一些，院子里还有一棵罕见的硕大的桂花树。房东阿姨对我们说：“这是古城里少有的保存完好的清代初期的院落。”

原来阿姨是退休教师，阿姨的丈夫退休前是交通局局长。这院落姓“牛”，祖上是清代初期到丽江来做生意的商人，商人娶了木府家的公主，所以木氏土司给了商人这么一块邻近木府的土地。最初建了第一个院子，也就是现在我们看到的后院。过了几年，公主的妹妹——嫁到大理的小公主的夫君英年早逝，小公主不愿在大理婆家生活，就回了丽江，住在了姐姐家。没想到住下不到一年，小公主就对姐夫产生了爱慕之情，姐夫就干脆把小公主也娶进了门，便又建了第二个院子，也就是我们现在看到的前院。所以前院小，后院大，因为前院是小公主，也就是商人的二房住的，所以明显要小一些。这棵大桂花树是当年牛家先祖盖这个院子的时候种下的，已经有300多年了。这300多年来，牛姓家族也在丽江古城发展成为一个重要的族群，家族现在在丽江古城有200口人。

王二和我都觉得这个院子特别漂亮，尤其是后院，太美了！于是我们在走廊上坐下来，欣赏了好一会儿雪景，不舍离开，最后，我们要了房东的联系方式，离开这个院落就直奔忠义市场买鱼去了。一路上，王二不断感叹，说这个院落太好了，主人家也不一般，王二还一个劲儿劝我租过来做客栈，还开玩笑说自己要钱没钱，要力出力。

我们买了鱼和很多菜回到客栈，客栈小妹李佳问我：“三哥，你买这么多菜是要过生日吗？”我一拍脑袋，哎呀，今天真是我生日呢！怎么小李记得而我自己却忘了呢？李佳看着我笑了，说：“前年在川耗子饭店，我们跟你一起过了一次生日，还去卡拉 ok 唱了歌，你忘了？”

当晚，王二就打电话跟自己的干妈陈老师分享了他对“牛家大院”的喜爱，同时向陈老师介绍了我的小客栈的投资及盈利情况，陈老师表示很有意愿跟我一起合伙，并可以提前退休亲自过来打理客栈，让我们先去找房东谈租金。

第二天是周日，我跟王二约了房东夫妻见面，房东牛叔明确表示他家的房租要比别家的贵一些，一年 12.5 万元，因为他家房子的结构和质量都很好，装修可以省很多钱，而且他也不希望对房子进行大规模的改动。

就这样，我们签订了一年 12.5 万元的 10 年期合同，并约定 10 年租金不变，接下来，我们花了 2 个多月的时间完成了客栈的装修，改造为 23 个房间，取名为“老龙门客栈”。

老龙门客栈房子的结构与质量都很好，装修的改动不大，只投入了 17 万元，加上交了一年房租，共投资 30 万元，我出资 13 万元，陈老师出资 17 万元，主要由陈老师管理经营。

王二在丽江当了一年多英语老师后就不想在学校当老师了，他说我们这一代人从小被“别人误”，现在他当老师又去“误别人”，他放弃了，要去广州做更有意思的、能实现他人生理想的工作。

半年后，我的旅游业务实在太忙了，我又独立做了一个有 31 个房间的大型客栈，就从老龙门客栈退股了，我把投入的 13 万元成本折算成了现金。而陈老师则先一次性给了我 10 万元，然后建议我剩下的 3 万元留下来，保留 10% 的分红，陈老师解释说，这样做是因为房东比较“认”我，与房东的关系还得我来处，她怕我全部退出，房东中途涨价，她不好处理。

陈老师将老龙门客栈又经营了两年，然后她把客栈以 40 万元的价格转了出去，对方先付了一半，当时陈老师对我说，房东这边的手续办完后，买方接手客栈半个月内支付剩下的 20 万元，买方付完她就把我的 3 万元本金加 2 万元利润一起给我，我爽快地答应了。

那段时间，我多住在成都，陈老师转让了老龙门客栈一个月之后，我才回到丽江。然后我给陈老师打电话，她没接，我就去老龙门客栈找她。老板娘换了，叫芳姐，她热情地招呼我。我问她有没有付完全款，她说全部打给陈老师了，还说陈老师 20 多天前就离开客栈了，说去西藏玩一圈再回来。芳姐还说，陈老师还占着一个房间呢！我突然有些不好的预感，让芳姐打开了陈老师的房间，结果除了家具、被褥和垃圾之外，陈老师的东西都不见了。

芳姐听我说陈老师还欠我 5 万元，非常惊讶，说陈老师走后就每天催她付钱，催了三天她就把钱都打过去了，看不出来陈老师竟然是这种要钱不要脸的人。

从那儿以后，我再也没有见过王二与陈老师，也再没联系过他们，更没收到过他们的任何消息，他们轰轰烈烈地来，出现在我的丽江世界里，却如一阵微风般悄悄地走了，消失在空气之中。

有的人注定是你人生中的过客，他们的存在，让你的人生变得丰富多彩。

“楼上的拉姆”女老板张书林

张书林服装代表作

2004 年我在古城的新华街上开小店做旅游，请韩老师来画人像 T 恤的时候，旁边的裁缝铺二楼开了一个“楼上的拉姆”服饰店，卖的是年纪跟我相仿的女店主张书林自己创作设计的女性个性服装，以及洋气而古怪的帽子、鞋、包和配饰等。“楼上的拉姆”卖得很贵，小件的帽子和围巾都卖大几百元甚至过千元，衣服一套都上千元甚至几千元，着实算得上是丽江古城服饰行业的艺术品与奢侈品。

女店主张书林偶尔会来找画T恤的韩老师聊天，她来串了几次门后，我就对她有了一定的了解。张老板来自湖北孝感，因为我家家谱有记载，祖上是明末清初从湖北孝感到四川宜宾即我现在的老家扎根的宗族，所以我跟张老板还攀了个老乡。女老板张书林的设计理念是让女生穿上各种花枝招展的漂亮服饰，活在梦境里，她希望自己的顾客走进人群，完全就是一个个坠入尘世的仙气飘飘的仙女。

张老板还喜欢把贵州精美的苗族老绣片镶嵌在欧式公主裙上，穿上这种衣服，有点像南方乡村里突然冒出个欧洲的白雪公主。她用服饰彰显女性的特立独行、自由不羁，她提倡反主流的生活态度，叛逆而多变是她的作品的生命和力量。张书林的每件作品都力求独一无二，绝不重复，就像画家的创作一样，仅此一件。

张书林设计的服饰颜色搭配既张扬又妥帖，大红大绿的色彩运用恰到好处，镶嵌在衣服上的每一朵花儿，缀在裙摆上的层层叠叠貌似错乱的蕾丝边，无不展示着或清纯，或调皮，或优雅，或狂野的公主梦，让爱臭美的公主们穿上她的服饰，犹如插上了闪亮的翅膀，行走在古城的石板路上，闪亮如T台上的世界名模。

总有顾客对张书林的设计爱不释手，恨不得全部搬回家去。有一次，一位在我们店画了T恤的苏州女生去“楼上的拉姆”挑了几件衣服，准备付钱的时候发现钱不够，她舍不得放弃自己精心挑选的任何一件，最后还是打电话叫家人转钱给她，都买了下来。

张书林的店铺在二楼，衣服在色彩搭配上借鉴了藏族服饰的风格，拉姆在藏语里是“仙女”的意思，故店铺取名“楼上的拉姆”。穿过一楼的裁缝店，再爬上那又窄又陡的老旧楼梯，才能走进“楼上的拉姆”，颇有一种穿越感。上楼后，走进张老板的店铺，瞬间置身于一个彩色的世界，满墙的油画，蕾丝的灯笼，各式各样、五彩缤纷的服装，精致而不重样的手工首饰，总会让人产生穿越的错觉。

有一天，张书林的“楼上的拉姆”还吸引了与之风格最搭的天后王菲，王菲按捺不住自己对张书林设计的各式衣服和饰品的喜爱，当场买了许多，随后又定制了许多，仅仅是这一个顾客的消费，就超过了“楼上的拉姆”10年的房租。

后来张书林又在古城开了第二家店，2007年我开了阿拉丁旅游公司后，请张书林帮忙设计一件有着“仙女从天上落入人间”感觉的服饰，她谦虚地说这个要求对她来说有点难以达到，不过前几年她收了一套民国时期彝族风格的地主家女儿的嫁妆，应该最符合这个标准，便割爱给了我。后来，我的助理晴雨总喜欢穿着那套地主家女儿的嫁妆在古城里转悠，回头率超高，总有人拉她合影，她的内心超级享受与满足，原本她的颜值可以打80分，在那套服装的映衬下，自然而然就有了120分的自信。

后来有一次，我在微博上看到张书林从北京飞抵丽江，便私信请她吃饭，席间，她向我介绍了与她同行的另一位女中豪杰，一位清华学霸兼才女作家，兼歌手。这位女中豪杰把她的著作送给我，从采访类作品中我看到了经济学家周有光先生说的一句话：“要从世界看中国，不要从中国看世界”，这句伟大的话大大地扩充了我的心灵视野，让我有了大局观。

后来，张书林将工作室搬到了北京，在北京与成都相继开了“楼上的拉姆”连锁店，还出了两本书，成了名副其实的艺术家与作家。

满足美好的向往，并追求更美的生活，是人类生活里最高级的体验部分，每个女生都可以有更好的、更高级的审美追求，张书林用她设计的服装，让迷茫的“公主”们有了美的学习与借鉴。

丽江与茶马古道的英雄文化——马锅头

2005年初，在我的旅游业务蒸蒸日上之际，我遇到了拉市海湿地公园的老板纳西人和自军，与他的搭档杨琛。当时二人找到我，希望我能为他们的湿地公园在古城做一些推广，同时接洽一些客源。那天，我和他俩聊了一个下午，了解到和自军先生的家族与“马锅头”的渊源和马锅头精神的内涵后，我问他俩：“我们能不能做一个马锅头旅游公司，赋予旅游公司马锅头的精神，让马锅头精神与时俱进，得以更好地传承，服务更多的游客？”

当时，我有散客拼团的基础，杨琛有成都、重庆双飞散客“自由人”地接的客源，和自军先生有马锅头的精神与开公司需要的资本，做一个旅游公司的要素已经完全具备。

于是我们一拍即合，但当时在丽江新办旅游公司或者旅行社是受限制的，当时丽江市旅游局以发展与保护丽江旅游为主导理念，不批准开办新的旅行社。

于是为了说明新办旅游公司的重要性和必要性，我写了一个可行性方案的初稿，再由我厦大新闻系毕业的女朋友小灿老师加工成《关于成立丽江马锅头户外旅游公司的可行性报告》。然后由和自军先生递交到旅游局，报告内容重点指出“目前许多散客，特别是年轻人不再满足走马观花式的，行程中被安排许多购物的普通的旅游方式。丽江特别需要有‘马锅头’精神的高品质的，以旅行者和游客为中心的户外旅游公司，以及新的丽江散客就地组团的组织出行方式。这是目前丽江已有的27家旅行社的业务空白，需要‘马锅头户外旅游公司’去填补丽江这一大块的旅游市场空白，满足很多潜在游客的需求。”

在《关于成立丽江马锅头户外旅游公司的可行性报告》的推动与和自军先生强大的公关势头下，丽江市旅游局终于批准注册成立“马锅头户外旅游公司”，丽江“马锅头户外旅游公司”终于合法成立。

马锅头旅游公司诞生后第一个拳头产品为“虎跳峡一日游”，为了让这个产品能够一气呵成，我和两位老板申请，包一辆崭新的35座大巴，直接包一个月。就像航空公司要先确定航线与飞机一样，此举的目的就是便于销售人员销售产品，同时彰显公司的实力。当然，我的申请得到了和自军先生与杨琛的肯定与支持，和自军先生立即拍板，先付了司机一个月的车费，正是这样的经济支持，让公司上下有了必胜的决心。

虎跳峡一日游定价120元/人，具体构成如下：门票30元，餐费20元，车费50元，服务费20元。而我们的实际成本为门票18元，餐费12元，车费30元（35座车平均每天接客23人，平均上座率按70%核算），销售费用30元（支付渠道商、客栈或同行的销售分成），剩下的30元就是公司服务费，或者称为利润。

当时我招了一个勤奋的纳西小伙儿和向钊，由他负责去客栈跑业务，我来负责当导游。我亲自带团，每天早上8点半集合出发。第一天，我们有3个游客，第二天我们有6个游客，第三天我们有9个游客，第四天一早，我们就有了头一天预订出行的21个游客，我和司机一起等人的时候，和向钊的电话不断响起，新的客人陆续加入。第四天，8点半出发时，车位爆满，还多出两个客人坐不下，我带着大巴车与33位客人先出发，半小时后，公司另派了一个导游，带一辆11座小车，带上没能坐上大巴车的2个人和新增的5个人，形成了一个7人团紧跟我们出发。到第五天，我们就迅速招了两个导游，正式负责专职带团。应该说，我们的第一个产品快速有效地横空出世，接下来的一个月，每天的游客都维持在 20 到 50 人，开局稳定，业绩良好。

马锅头旅游公司成立后不久，我们就扩大了规模，由杨琛原有的成都重庆飞丽江的自由行衍生来许多业务。最初，自由行每天也能接待几十个游客，公司收取每个人 30 元的接送机的车费，但由于在接机送到客栈的过程中，销售人员销售旅游线路的转化率只有不到 20%，所以自由行项目仅仅是勉强维持成本，并没有明显的利润。半个月后，每天负责后勤统计和团队服务的陈勇坐不住了，他一再跟我申请，说想去机场接客，做旅游线路的销售，看看能不能提高销售旅游线路的转化率。我们根据接送机的数据分析，大部分客人在丽江停留的时间为 4 天，他们不可能每天都待在房间里，或者说，他们人均至少有一次走出客栈，出门游玩的概率！

于是有一天，我们安排了 4 趟接机工作，最多一趟 25 人，最少一趟 6 人，我派陈勇去接人数最少的那趟，让他去试试销售我们的旅游线路。没想到他回来后竟然带来喜讯，说他接机的 6 个人全部参加明天的虎跳峡一日游，其中还有 2 人报了后天的玉龙雪山一日游。当时大家都觉得陈勇第一次出马，就好运爆棚。于是第二天，我就派陈勇去接人数最多的一趟，一辆车接过来 27 个客人，更加令人兴奋与惊奇的是，竟然成交了 25 个。从此陈勇就成为我们公司接机的 1 号销售主力，第一个月，陈勇个人平均销售旅游线路的参团转化率竟然高达 90%。

紧接着，我们拿陈勇做榜样，让陈勇给其他销售人员做培训，所有新人由陈勇培训后，再随陈勇跟车两次，才能正式上岗，而老员工也轮流随陈勇跟车学习。结果到了第二个月，其他销售人员的平均旅游线路销售转化率也都达到了 50%，个别优秀的还突破了 80%，而陈勇则继续维持在 90% 以上，如此下来，我们接送机的人均利润就从以前的 10 元达到了 50 元。

后来，陈勇又从自贡老家招来了更年轻更有活力的张林旭。张林旭性格外向，简直就是“交际花”，对游客热情奔放，他第一次去机场接客人，接了5个，晚上竟然有7个客人通过张林旭报名参团。第二天张林旭告诉我，当晚，5个年轻的成都客人请张林旭带他们去酒吧，到酒吧后，他们遇到了两个从深圳来的男游客，两位男游客想和他们一起玩，并请张林旭的5个客人喝酒，于是大家熟悉之后，张林旭就向那两个深圳来的男客人推销我们的虎跳峡一日游，说那5个客人都报名了，问他们两个人要不要加入，于是两个深圳来的男客人就开心地报团了。张林旭特殊而奔放的销售方式尤其适合年轻一些的游客，他第一个月的成功转化率竟然达到了105%，简直让人称奇。

接下来，我们乘胜追击，沿用“虎跳峡一日游”的模式继续开发产品，做玉龙雪山一日游、泸沽湖2日游、香格里拉2日游、梅里雪山4日游等，不断扩大公司的规模，争取更好的业绩。可没想到，我们公司与其他司机拼团时出了一起严重的车祸，有几个客人身受重伤，还有一个客人重伤导致半身瘫痪。和自军先生由此对旅游线路中过多的人流所带来的安全隐患感到忧心忡忡，在没有明确的确保安全的旅游方案出台前，建议暂缓继续开辟新的旅游线路。而我也开始装修并经营我那有30多个客房的橡树园客栈，离开了马锅头旅游公司。

然而马锅头旅游公司的开创性尝试对我的旅游事业的发展起到了积极的探索作用，它也为丽江的品质旅游开辟了新的方向。

丽江最具契约精神的房东——杨增勤

2005年，丽江游客量大幅上升，从2001年突破100万客流，到2005年前十个月就突破500万客流，丽江一跃成为中国家喻户晓的旅游胜地，而丽江古城的客栈也从2001年的90多家飞速增长，到2005年已经突破500家。当时，丽江古城的客栈租金低入住率高，真的是一门好生意，而我在经历了两个客栈，有了丰富的经验之后，在2005年国庆节过后，打算做一个大一点的客栈，开始在古城物色新的院子。

有一天早上，我吃完早餐，8点刚过就出门了，逛到了忠义市场附近的丽江军分区附近，也就是现在的白龙广场的出口，看到一家院落贴着招租广告，就推开门走了进去。当时房东两口子都在院子里，是一对不到50岁的夫妻。房子占地900多平方米，超级大，院内有30多间房子，所有的房子都比古城里一般的民宅要宽大一些，在古城，我还真没见过这么大的民宅。院子距离公路只有20多米，非常方便进车，也非常方便泊车。看了房子之后，我开门见山直奔主题，问房东租金多少。

房东杨叔叔说，招租信息才贴出来3天，他们对租金的市场价格还不是特别清楚，昨天有个福建老板来看过，好像是新华街知心客栈的老板，他给的价格是年租金15万元。知心客栈在刘海龙的木森客栈隔壁，我和老板陈哥刚好很熟，也是好朋友，于是我打电话问了陈哥。陈哥说他昨天下午的确来看过这个院子，也确实给房东开出了15万元一年的价格。挂了电话，我跟房东说：“我出15.8万元，您看看是否能租给我？”

这时候房东阿姨做好了早餐，喊我们一起吃饭，我说我刚吃过，房东叔叔就请我等一会儿，他们先吃完早餐再商量。

20多分钟后，房东夫妻吃完早餐，向我介绍了这个院子的情况，原来房东叔叔是忠义西村的村主任，这个院子10多年前是村集体的酒厂，10年前酒厂贷款了100万，还不上了，法院拍卖了这个酒厂的院子，用来归还银行的欠款，不够的部分就让村集体偿还。当时村民不同意，不能接受拍卖的价格不到100万，就让大家来补差价。于是房东杨叔叔向法院和村民提出，将自己家的一个院子卖掉，再加上自己家的积蓄，先支付银行30万，然后再由他来承担剩下的70万，还清后这个酒厂的院子就归他所有。最后各方都同意了他的意见。

于是杨叔叔夫妻俩将酒厂的院子略微改造，变成了一个普通的大型旅馆，又在村外租地盘下一个养猪场，辛苦了10年，终于连本带利，还清了银行的欠款。半年前，这个院子终于真正地落到了他们的名下。而10年来过度的劳累与艰辛，透支了他们的身体，如今终于没了债务，他们便想找个靠谱的承租人，把这个承载了他们10年辛苦，一步步挣来的房子风风光光地经营好，两口子也好好休息休息，安享晚年。

我也和杨叔叔讲了我这几年来到丽江后的发展过程，以及我的个人基本状况，特别提及了我那在摩托罗拉做财务总监的美归博士新婚妻子优越的学历及稳定的、收入颇丰的工作。在得知与我闪婚的妻子对丽江古城也非常热爱之后，杨叔叔竟然对我说："小沈，你要是真心想做的话，租金你就给12万元一年。钱多点少点对我们家来说关系不太大，你不要有太大压力。这个客栈面积大，投资成本不会太低，你的经营压力不要太大，能快一些赚钱、收回成本最好。我觉得你有能力把这个院子经营得更好。我在你身上看到了我跟你阿姨年轻时候的勤奋、坚毅和倔强。"

当天，杨叔叔就和我签了租房合同，在双方及我的新婚妻子的同意下，我在承租人一栏签上了我和我妻子的名字。

杨叔叔将我给他开的15.8万元每年的租金主动降到远远低于市场平均价格的12万元每年，这在丽江古城客栈租房历史上是绝无仅有的一件事。我们签了10年的合同，当时是10月初，杨叔叔还主动让了两个多月装修免租期，从次年的1月1日开始算租金，前7年租金12万元/年，后3年租金17万元/年。说实话，杨叔叔让我特别意外，也特别感动。

我的装修队伍在1周后进驻开工，几天后正式开始装修。有一天，杨叔叔特意来找我，把我带到院外正在对外经营的5间门面房里，一个个跟这些门面房的老板介绍，说我是接下来的经营者，这些门面房的合同都是到这一年的12月底到期，如果他们要续租，直接找我，给我交租金。

我彼时才恍然大悟，原来这5间门面房也算进了我的租赁合同啊！原来除了那个院子，这5间租金为每间一年6000元的门面房也给我了啊！杨叔叔又给了我一个大惊喜，光这5间门面房年租金就有3万元啊！于是我们在客栈的改造过程中，又将另一排的一楼房屋向外打开，做成了铺面，这样一共就有了10个铺面。

这家总投资为80万元的客栈，在2006年春节开始营业，我的妻子将它取名为“橡树园客栈”。橡树园客栈一直经营良好，2008年，我又引进了一个合伙人，由合伙人再投资80万元，对客栈进行了升级，在院内的空地上又加盖了一栋房子。

10年来，杨叔叔总是定期来帮我们客栈打理一些事情，比如将我们养得不好的花搬到他家，把他家养得非常好的花草搬到客栈，他把客栈的花卉当成自家的宝贝一般照顾。

2011年之后，丽江古城的房东普遍性违约，集体涨房租，我在忠义市场附近的另一家客栈——彩虹居客栈，就在2011年遭遇了此事。房东上门两次，要求涨房租，我没答应，第三次房东叫来全家人，说他们家一年6万元的房租实在是太低了，周边同样大的房子已经涨到10万元以上了，跟我年龄相仿的房东的儿子甚至说我侄子王宇用花言巧语忽悠他老实木讷的父亲，把 8 万元的房子以 6 万元的价格拿到了手里，总之彩虹居客栈的房东一家找了各种理由，理直气壮要求涨租。最后为了涨租，竟然以彩虹居客栈的后院来要挟我们。因为彩虹居客栈的后院并不是他家的，而是我们另租的一个只有 5 个房间，租金为一年 2.5 万元的小院子，当时我们在前院的墙上开了一个门，打通了两个院子。后院的房东 10 年没有涨价，前院却以后院为条件要挟我们，说如果我们不给他们涨房租，他们就把通向后院的门堵上，甚至还提出，如果不涨房租，就必须一次性给他们家 10 万元的“打通费”才可以。事实上，我很清楚，即使我把连接两个院子的门堵上了，前院的房东照旧会无休止地找各种理由要钱，就像我的朋友“游侠花园”客栈的房东一样，涨房租未果，竟然举报客栈有违规违章建筑和客栈无证经营。当时“游侠花园”客栈的营业执照办的是房东的名字，房东拿去换新执照的时候，竟然直接把客栈的营业执照给注销了，然后举报客栈无证经营，真是荒唐至极。说实话，我们这些做客栈的，也实在无奈啊，最后我答应了彩虹居前院的房东，给了他 10 万元的“打通费”。

2012 年，我将彩虹居转让，房东乘机把租金从一年 6 万元涨到了一年 8 万元，租金直接写进了和我接手的下家的合同里，终于“顺理成章”地涨了房租。

再说回 2008 年底，当时我的橡树园合伙人陆葵去泸沽湖搞了一个客栈，我没有参与，那个租房合同签了 15 年，租金第一个 5 年 5 万元 / 年，第二个 5 年 6 万元 / 年，第三个 5 年 7 万元 / 年，当时陆葵一共投资了 200 多万元，重建了房子，做了 30 多个客房。在 2013 年 5 年快到期的时候，陆葵遭遇了房东离谱的涨价，房东要求涨到比当时 2013 年的普遍行情还要略高的价格——50 万元 / 年。由于陆葵的那个房东儿女众多 7 个，在当地人脉较广，陆葵权衡利弊，最终竟然同意了房东离谱的租金要求。

而我们的古城橡树园客栈，从2012年开始，10间铺面对外的租金就达到了一年20万元以上，抵扣掉支付给房东客房部分的租金，还赚了铺面租金的差价。2014年到2015年，10间铺面的租金到了一年30万元以上。但不管市场怎么变化，古城的房东们怎样一股脑儿地违约涨房租，橡树园的房东杨叔叔一直遵守合约，成为丽江古城少有的遵守合约的典范，诚实守信的杨叔叔是我一生尊敬与学习的榜样。

去年杨叔叔的小儿子杨稀找我咨询一件事，我们还聊到了他品格高贵的父亲。他说我们橡树园租到第7年的时候，也就是2013年古城租金暴涨的时候，还发生过一个小插曲。当时有个上海人找到他和他哥哥，说如果能把房子租给他，他出价100万元/年，还说如果要赔付橡树园客栈违约金的话，上海老板愿另行支付150万元的违约金。当时两兄弟非常心动，兴奋地告诉杨叔叔此事，杨叔叔夫妻让他们两兄弟请假在家休息3天。接下来的3天里，杨叔叔每天都跟他们兄弟俩聊天，反复和他们强调，诚实守信是为人的本分，是杨家祖祖辈辈的家训，也是杨家世代立足之本，杨叔叔希望他们兄弟一定要牢记这一点，并且要教育自己的后代，世世代代都要坚守家训。听说了这件事，我更加敬佩杨叔叔的为人，尊敬杨叔叔的家族。

橡树园在我租满了10年后，租金涨到了150万元/年，疫情以来，杨稀兄弟俩还主动给租户们下调了一半的租金，并且将租金年付暂时调整到季付，对于确实有困难的租户，兄弟俩还允许他们拖欠房租。杨叔叔的高尚品质在这两个儿子身上得到了传承和发扬，杨家是丽江古城最好的房东，也给古城所有的房东做了榜样。

丽江马锅头与茶马古道骑马旅游线路的开创者——木本杰

2005 年，马锅头旅游公司创立不久，拉市海边的村民就邀请我们马锅头的老板与几位负责人去体验山路骑马，请我们看看那条山路是否有开发成旅游线路的可能性。

领头的马夫叫木本杰，40 岁左右，拉市美泉村村民，一个倔强的、不愿向命运低头的农民。

第一天，我们从拉市海美泉村木本杰的家出发，走了新中国成立前不通公路的茶马古道，翻山 20 多公里，穿越到金沙江半山腰的龙蟠，然后在龙蟠木本杰的朋友兼老乡家住了一晚。第二天，我们从龙蟠出发，走到文海，然后再回到拉市海美泉村，花了两天时间走了一个环线。

那两天，我们骑云南马爬山，云南马力量大、耐力好，是比较适合走山路的马种。我们一路骑行，速度基本和正常人爬山的速度一样，体验不错，不累也不危险。

当时拉市海的骑马项目主要在湖边的草甸上，骑马或跑马按时间收费，半小时 50 元，是新疆、内蒙古草原旅游骑马的初级版，这个项目被游客们称为“去拉市海骑马”。

而从美泉村骑马上山，一路的风景是拉市海最好的风景，走的是几百年来最完整的人马共行的道路，沿着美丽的山溪一路向上，穿越原始森林，穿过蜿蜒曲折的小溪、草甸，途经壮观的瀑布，骑马一个多小时，就可到达半山的溪水源头，也就是泉眼处，整个路程6公里，落差250米，地形大部分是10° 左右的缓坡，还有两段百余米的陡坡，刚好具备复杂丰富的多样性体验。泉眼的水量大约为1立方米/秒，泉水流出500米后，河道逐渐变宽变平缓，清澈见底的泉水经过几百米宽的河面后，逐渐形成一个狭长的湖泊，最宽处约100米，名为“七仙湖”，湖面上还有一个宽13米，长约20米的小岛，小岛上有树木，岸边是狭长的草地，刚好适合马儿撒欢地奔跑。

这一段路程非常适合骑马旅游线路的开发，整个往返骑马时间为3个小时，还可以在终点站“七仙湖”野餐，回程下山时也可以走另外一条约7公里的道路，不走回头路，照样形成一个环线。结束后还可以再植入拉市海划船游玩半小时到1小时，这样就实现了以骑马为主题的线路——“茶马古道一日游”。

此行之后，我们马锅头旅游公司就推出了“茶马古道一日游”，定价280元/人，除去支付的马帮骑马及野餐费用130元/人，支付车费与服务费50元/人，销售端与客栈渠道还有100元/人的提成。

当时马场的标价为280元/人，有导游、客栈老板带团或自己开车带客人过来骑马，马帮收取280元/人的费用后，就给导游或客栈老板返款150元/人。

后来，我们又推出了“茶马古道骑马半日游”，定价180元/人，马帮给导游、客栈老板返款110元/人。

有了我们马锅头策划推出的“茶马古道一日游”项目，一年内美泉的马帮就从6匹马很快发展为拥有100多匹马的大马场了，到2007年，美泉马帮的马匹总量超过500匹，拉市海的其他村子也纷纷效仿美泉的“茶马古道一日游”，推出了自己村子的上山骑马加划船的旅游线路。2010年到2011年，整个拉市海“茶马古道骑马”项目的观光人数竟然达到200万人，在一人100多元利润的“暴利”驱使下，丽江古城诞生了许许多多职业拉客者。那两年，在旺季，丽江古城的拉客者有上千人，以至于我这样一个留着长发的男人走在古城里，经常会被拉客者拦住，然后就听到浓重的纳西普通话："怕鸡妹，去不去拿市海茶马古道骑吗?（胖金妹，去不去拉市海茶马古道骑马）"，好吧，我都习惯了，经常被当成"胖金妹"。我粗略计算过，当时一个游客走在古城里，平均每小时会被问到3次。在古城的拉客者多以纳西族妇女为主，这样的拉客者被当地人统称为"东巴美女"。

随着马场的增多，为了抢到更多的客人，简单低级的粗暴定价开始蔓延，许多马场提高了骑马的标价，然后给拉客者极低的底价，也就是结算价，比如标价580元/人，实际底价80元/人，拉客者给游客多少优惠全由拉客者决定。总之拉客者最高能拿到500元/人的返款，马帮只拿80元/人。这样粗暴的低价竞争迅速拉低了茶马古道骑马的服务品质，高定价让顾客深感被宰，久而久之形成恶性循环，使得拉市海茶马古道骑马成了丽江旅游宰客与投诉的高发项目。

2013年10月1日、2日，中央电视台播出了两个关于香格里拉导游宰客事件，反响巨大。

这几年，在相关部门的有效干预下，拉市海"茶马古道骑马"统一了定价，但统一是一把双刃剑，同时也抑制了更丰富更高品质的骑马产品的开发与发展。

再说回木本杰，他与他所在的美泉马场，一直都处在"茶马古道骑马"高满意度序列的顶端，在整个市场的起伏争斗中，保持有序经营，成为"茶马古道骑马"项目的优良典范。

优质的旅游产品，定价略贵游客也是能够接受的，这需要以游客为本。统一定价后，木本杰最早开发的金牌线路"茶马古道七仙湖骑马一日游"只能骑到一半了，最上面的精华部分无法继续骑行了，几百年前古人骑马的主干道再难抵达。以环保为由，拉市海的划船项目也被一刀切，那些始终采用人力小船的拉市海划船项目不复存在。原有的“玩得尽兴的茶马古道骑马划船一日游”最终被砍得平庸到看不到古人骑行的森林，看不到湖中荡漾的涟漪。拉市海茶马古道骑马项目也因此从 2010 年到 2016 年期间的每年 200 多万人流量，逐步降到了 2019 年的年人流量不足 50 万人。

人类的发展与自然的和谐一直在寻求一种适度的平衡，“凡事过度皆为破坏”，适度就是最好的。

“开口跪”的前台销售——欧阳姐

2007 年 5 月中旬，我们阿拉丁旅游公司开业刚 10 多天，就来了一位气质超群的小姐姐，小姐姐上来就要找老板，我当时刚好在前台，就接待了这位小姐姐。

小姐姐叫欧阳宁，比我大 1 岁，是旅游界的同行，这次从长沙带团到丽江，是全程陪同的导游。小姐姐听说我们打出了纯玩不购物的口号，觉得有点意思，就来一探究竟。

于是，我跟欧阳姐阐述了我对旅游的理解以及我们公司的价值观，又介绍了我们的合伙人兼品质总监邬敬民。欧阳姐当然知道邬敬民的大名，当即表示等她回了长沙，安排好工作与家庭事务，就过来跟我们一起干，一起做这个光明磊落的、让游客得到最大满意的“阿拉丁品质旅游”。我也表示期待和欢迎欧阳姐的加入。

过了一个月，欧阳姐真来了。当时我们的业务开展得并不是特别顺利，瓶颈重重，尤其需要提高我们品质旅游团的成交率，因为同样是泸沽湖 2 日游，其他旅游团要么 280 元，要么 380 元，最贵的也就 400 元左右，而我们要 680 元，所以如何说服客户认可我们，是当时最大的难题。欧阳姐一来就成了我们最优秀的前台销售员，上班一周后，她就成了我们的前台销售主管。

欧阳姐气场非常强大，她有很好的交流技巧，她会告诉客人她以前做低价旅游团是怎么带团购物的，作为一个家在长沙的孩儿妈，她为什么来到丽江的阿拉丁旅游公司，然后她再展现出我们团队的专业与实力。欧阳姐的讲解极大地提高了成交率。欧阳姐的核心技巧是通过交流与展示，让顾客信任她，并被她感染被她打动，在了解客人的状况后，欧阳姐还会给顾客推荐更适合的产品线路，让顾客根本没有理由拒绝参加我们阿拉丁旅游团。

一天，一个看穿着打扮与相貌身材就知道是户外玩家的男士一个人来前台咨询香格里拉 2 日游。欧阳姐却问他：“你知道雨崩吗？你应该参加我们的雨崩 6 日游，其中有两天半的徒步穿越，正好符合你的气质。你看，明天的雨崩旅游团有一个男生，三个女生报名，如果你愿意参加，正好可以一起组团。”这位男士摇摇头，说：“我已经出来两天了，只剩下了两天时间，我买好了大后天回深圳的机票，只能玩两天就得回去上班了。”欧阳姐笑着对他说：“只要不是天要塌下来，工作就不是非你不可。你明天应该去参加雨崩六日游的旅行团，因为那个团最符合你的气质，也最有意思，不然你一个人出来走马观花地遛遛，来回机票不是白花了吗？最完美的旅行明天就要出发，就缺你这场‘说走就走的旅行’了，赶紧决定吧！人生有很多美好的东西是不能被错过的，年轻就得有青春该有的模样。”男生在欧阳姐真诚的鼓动下，当场打电话给老板请了假，改了机票，参加了我们的雨崩 6 日游。回团后，他非常满意，还请欧阳姐去酒吧喝酒。

3 个月后，这位深圳的男游客给欧阳姐寄来了一双 2000 多元的登山鞋，并给欧阳姐订了往返机票，邀请欧阳姐去深圳参加他的婚礼。原来这名男游客在参加了我们的雨崩旅游团后，就跟旅游团里的一位广州女生恋爱了，二人邀请欧阳姐亲赴他们的结婚典礼，见证他们的爱情，并要在婚礼上公开向欧阳姐表示感谢。

最好的旅游线路不是顾客已知的具体的线路，而是顾客内心深处潜在的想要前往的、更加适合他的线路。对美景的向往，对未知的团友的期待，以及对各种未知惊喜的期盼，才是顾客最想要的。我们的雨崩6日游以户外徒步穿越的方式，打造顾客最满意的旅游线路。顾客在参团后越满意，我们的预期客流也就越多。

欧阳姐性格开朗奔放，工作认真气场强大，而且独具幽默。有一次，4个中年男子准备报团泸沽湖3日游，这个项目是980元/人。当时4个人中负责付钱的大哥就问欧阳姐，团费能优惠吗？欧阳姐说不能。那大哥又问："那你们老板在吗？我找你们老板，你们团费太贵，我们4个人，你们优惠一些吧，就少赚一点嘛。"欧阳姐指着恰巧在门口扫地的我，说："你看，门口扫地的就是老板，昨天不讲原则地给6个人免了80元零头，我罚他今天打扫卫生。我们不赚够钱，就没法给大家发工资，就没法维持我们的高品质与高满意度。"男人看见低头扫地的我，哈哈一笑，爽快地付款了。

欧阳姐喜欢运动，由于我们没有工作服，所以平日里欧阳姐就按照自己的喜好穿着打扮，她看起来总像一个户外徒步的游客。欧阳姐的歌唱得特别好，声音有歌手田震、那英和张惠妹的融合之美。在KTV唱歌，欧阳姐一开口就艳惊四座，就是传说中的"开口跪"，很多人第一次听到欧阳姐的歌声就会问她你为什么不去当歌手。

欧阳姐的种种特质简直就是为阿拉丁品质旅游量身打造的，她在工作和生活中快乐自己、照亮他人。

阿拉丁旅游公司第一个总经理——天津男生安磊

安磊是1980年出生的天津男生，他原本在丽江古城开小客栈，同时做户外旅游，主要做梅里雪山与雨崩的线路。2007年“阿拉丁”开业不久，我们和安磊正式认识，当年7月，安磊被邬敬民和我大干一场的决心折服，在我俩的邀请下，带着他的几名员工一起加入了阿拉丁旅游。

安磊上过大学，爱运动、懂管理，可能因为在大城市长大，外加性格开朗，安磊在与游客的对话与互动中，总表现得比我们其他人更加自信，那简直有点“不要脸的自信”。当时，安磊觉得我们的定价虽然在丽江的旅游圈看来，已经比同行明显贵了一些，但还是偏低，虽然我们每天都红红火火地发几个团，每个团都有几十个游客参团，但平均下来每个团的纯利润都不超过7%。于是安磊用10多天的努力工作让我们看到了团费价格与服务品质都拥有进一步提升的空间。实际上，安磊的确也总能说服一部分游客加钱升级服务。于是，我与邬敬民及其他几位负责人一起要求安磊来做总经理，请他带领我们做进一步的提升，我们的目标明确：提高价格，提高品质，增加游客量。

首先，安磊将前台销售人员的工资从每月800元调整到了300元，将1%的提成调整为旺季2.5%，淡季3.5%。而网络销售部的工资则是300元起薪，按每周及每月员工的网络推广量及曝光量核算具体工资，销售成交后与前台销售提成同步。这一举动大大提高了小伙伴们的主动性及能动性。安磊还每天给网络销售部的员工做经验示范和成果分享，不断对员工进行培训。在安磊的强化辅导下，我们网络部销售冠军的业绩竟然很快就超过了前台销售冠军，有的销售员月收入竟然首次突破 8000 元，这对阿拉丁旅游公司来说，简直是历史性的突破。

当时我们的外联销售负责跑客栈，让客栈老板帮我们卖线路，2 日游以上，我们给客栈每个线路按每人每天 50 元提成。而安磊当总经理后，就改革了外联员工的收入模式，外联员工第一个月工资 500 元，第二个月起无底薪，安磊按一日游 15 元、2 日游以上每人每天 10 元给外联员工提成。外联员工每开发一个新的客栈，获得首个销售成交，给予 50 元奖励。就这样，能做出业绩的外联员工更积极更努力了，而不能做业绩的外联员工坚持不了两三个月就自动离开了，自动实现了优胜劣汰。

在安磊当总经理之前，我们还花钱在他人售卖的地图上打广告，然后 2 元一份批发回来一部分，送给游客。后来经过安磊测算，地图每份制作及印刷成本也就 1 块，按我们目前的实力，平均每个月做 1 万份免费地图是可以实现的，然后投入的这 1 万元并不是一次性的，每份地图平均循环使用 3.5 次以上，就可以覆盖到古城的大部分客栈，还可以把跟我们合作每月达到 10 单的客栈都免费印上去，甚至可以收酒吧或者饭馆等商家的广告费。而且我们还可以做到自己的客人每人赠送一份，给客栈送的地图也可以按客栈给我们的客人数的 3 倍赠送，而其他客栈则每周撒网式部分赠送。通过地图这一项目，我们很快地提高了阿拉丁旅游公司的知名度，甚至有些在古城卖地图的人，都拿着我们的地图进行售卖。

在导游与领队带团方面，安磊还让我与邬敬民给员工们做强化培训，每周的二、四、六上午，只要不带团，都要参加培训。培训内容包括带团标准、技巧，品质化带团流程，还包括分享带团中的故事与案例，问题分析与解决方法。

通过强化培训，我们很快就总结出对待顾客的 4 个基本要素。

一、对待顾客或与顾客对话要换位思考、将心比心。

二、对待顾客要像对待亲人和朋友一样。

三、待顾客如初恋，在服务顾客过程中创造初恋般美好的感觉——尽可能地给顾客带来惊喜。

四、遇到问题不能解决立即求助，求助同事、领导、老板或其他顾客，一定要第一时间解决顾客的问题。

安磊加入半年后，我们阿拉丁旅游公司的各个部门都完善起来了，公司制度的健全、品质旅游的员工培训成为公司的基础，我们与其他同行明显区别开来。

丽江“艳遇教父”——牟鑫

牟鑫肖像

牟鑫是丽江古城第一家酒吧也是最大的酒吧——“樱花屋”酒吧的老板，他从 1997 年开始做“樱花屋”，历时 10 年，将古城新华街靠近四方街的两间铺面的一个叫“樱花屋”的小餐吧，做成了丽江古城最大的酒吧，带动了古城酒吧一条街的发展。

牟鑫 1972 年出生在湖北，在大理当过兵，退伍之前赶上了 1996 年 2 月 3 日的丽江 7.0 级大地震，牟鑫所在部队被安排到丽江古城抢险救灾，那是年轻的牟鑫第一次来到丽江古城，古城给他留下了深刻的印象。

1997 年，牟鑫从部队转业，在大理古城闲逛，遇到一位问路的韩国女生金小姐，二人结伴出游，牟鑫再次来到丽江。在丽江古城，金小姐用她半生不熟的普通话表达了对牟鑫的好感，这对年轻男女之间的恋爱之花在丽江古城绽放。

那一年，丽江已经有了一些像金小姐一样的外国游客，丽江也因为上一年的地震被很多国人知晓，越来越多的中外游客涌向丽江。尤其当时正值世界旅行与文学爱好者寻找香格里拉的热潮，所以来丽江旅游算得上是世界范围的时尚之旅。爱上牟鑫的金小姐为了维持恋爱的热度，也为了让像自己一样的游客能有个落脚与咨询的“温馨之家”，便和牟鑫一起在四方街旁边风景最好的小河边开了一间“樱花屋餐吧”，丽江古城的第一个酒吧就此诞生。

金小姐会多种语言，除了韩语、日语，还会英语和其他一些欧洲国家的语言，基本上能应付来丽江的绝大部分外国游客。勤奋好学的牟鑫跟着金小姐，很快就学习了三门外语，特别是韩语和英语，没多久他就能非常流畅地用韩语和英语与游客交流了。把樱花屋经营得温馨火热后不久，这对热情的年轻人就结婚了，并用了 10 年时间将当年小小的樱花屋逐步延展扩大成拥有 10 多个铺面，由不同风格的区域串联经营的古城最大的酒吧——樱花屋酒吧，由此造就并带动了丽江古城有名的酒吧街。

2006 年底，我筹备阿拉丁旅游公司时，寻找合伙人与场地，在古城管理局工作的和世俊大哥的热心介绍下，在古城口大水车对面找到一个大型店面，正好就在樱花屋对面。那个大型店面一楼是酒吧，上座率一般，二楼场地有 300 平方米，非常适合阿拉丁旅游公司办公。我就是在那时候认识了牟鑫，他以一年的房租加部分现金合计 50 万元入股，成为我们阿拉丁旅游公司的合伙人与第二大股东。

牟鑫极具商业天赋，又兼具文艺青年的气质与敏感，当时“艳遇丽江”的概念还在传播的启蒙阶段，牟鑫就作为艳遇实践的大成者与现实榜样，正式利用“艳遇就到樱花屋”的口号开始传播与贩卖艳遇文化，而他的樱花屋，也正是制造艳遇的温床，每一天，都有不同的青年男女在樱花屋“艳遇”，成就了很多真实而美丽的爱情。后来只要到樱花屋酒吧去的单身男女，差不多都是冲着“艳遇”去的，所以再后来古城就流传开这样一句话：凡是独身到丽江的女子，心灵都已经出轨，如果还没有，那就带她去樱花屋吧！

任何行业的第一名，必然是个非常用心和专业的人，牟鑫就属于“艳遇教父”级别的，他会给不同的单身男女提供拼桌服务与互动机会，并把这些技巧总结后培训给员工。如果第一桌先坐下来的女生多，旁边的下一桌就要安排男生多的客人，而不能安排情侣桌。他还通过卖花的形式帮助客人搭讪，卖花姑娘会主动告诉单身男生，周围哪个女生是单身前来的，邀请单身男生买一朵花，由卖花姑娘帮忙先送过去，如果女生接受了，卖花姑娘就会返回告诉单身男生，拉男生过去敬酒，这样单身男女就算认识了。

2009年，我女朋友的高中女同学茜茜来丽江玩，我让同事“雨崩之神”农布带茜茜去了樱花屋，农布在樱花屋搭讪了一个南京来的叫姜方的男生，男生跟农布和茜茜一起喝酒。男生和茜茜互留手机号后，便离开了丽江。可没想到二人后来竟然恋爱了，半年后就结婚了。2014年他们还约我们一起去美国，他们的第一个孩子出生一个月后，我爱人也在美国生下了我家宝贝。

再说回牟鑫，他非常大度非常豁达，有一次，一个朋友问他：“大哥，你做‘艳遇文化’，也没有申请知识产权保护，你辛辛苦苦创作传播，被人模仿利用，岂不是太亏了？”牟鑫一句话大气而磅礴：“这种能够服务他人有利社会和谐的事，若被模仿，功德无量。”

后来，牟鑫的老乡兼战友徐炳忠来到丽江，在樱花屋工作学习了一段时间后，2004年到2005年，他在牟鑫的指点与帮助下，分别在平遥古城与老挝万荣各开了一家“樱花屋”酒吧，也就是今天的“海伦司小酒馆”的雏形。

“艳遇”可以说是丽江旅游20多年来创造的最著名的文化标签，对丽江人流量的催化作用显而易见，很多人正是不知不觉被“美好而向往的艳遇”带到了丽江，就好像人们要去攀登哈巴雪山，大部分人通过各种努力并没能成功登顶，但并不会因此而抱怨，他们乐于享受人生简单纯粹的美妙经历。“艳遇”也成了一部分人的个人追求，也是他们对美好生活与丰富人生的向往，甚至成了他们不可或缺的人生经历，不管艳遇发生多少，也不管它发生在什么地方，它已经成为一种对美好生活的希望，当然，发生在丽江，更美好。

丽江一旦被定义为“艳遇”之都，就没有被其他城市取代的可能了，这跟丽江的历史文化与地理环境有关，丽江是文艺青年的聚集地，古城有密集的巨大的人流量，这里的“艳遇”更多，更绚丽。

丽江的泸沽湖有走婚的习俗，该习俗已经传承800余年。丽江还是茶马古道的重镇，马锅头与外来的马帮帅哥是女人心中的英雄。来到这里的女生大都被与英雄走婚的浪漫情结所感染，在丽江海拔2500米，极易让人轻度缺氧的“无形的因缺氧让人微醺麻醉的空气”里，青年男女蠢蠢欲动，加上这里一年四季超过300天，白天气温都在15℃左右，夏天最低温度15℃，冬天最高温度18℃，几乎365天都是“春天”的气息，于是美好的憧憬加上“心灵出轨”的人们，冲撞出丽江特有的“艳遇之都”。而牟鑫，应该算是丽江当之无愧的“艳遇教父”。

气质独特的老熊

老熊是个1985年出生的小伙子，名叫熊成伟，来自湖南益阳的桃江县。老熊外表瘦小普通，气质略显“猥琐”，然而他的身体里却隐藏着火热的能量，他好动、好学，向往诗与远方。老熊对于自己的长相，常常自信地自嘲“如果猥琐也算一种气质的话，我就是一个非常有气质的人”。正是这句话，奠定了老熊在我们阿拉丁公司文艺青年一哥的位置。

老熊是在2007年流浪到丽江时与我们相识的，当时他身上所有的钱加起来也不足百元，然而他依然狂热地想去玉龙雪山，他知道自己的钱不多，不舍得买门票，当然也没钱住宿，毅然选择在一天的时间里往返40多公里徒步去玉龙雪山。我那位开车拉客的朋友老杨，在去玉龙雪山的大路上遇到了老熊，当时老熊正徒步往玉龙雪山的方向走。老杨停车招呼老熊，问他搭不搭车，老熊说自己没钱搭车，要徒步去雪山。热心的老杨特意告诉老熊，如何走小路绕过检票口上山。下午老杨下山的时候又遇到了徒步返程的老熊，就喊他上车，还告诉他不收他的钱。老熊上车后，老杨就建议穷游的老熊在丽江找个工作，这样就可以一边工作一边玩了。就这样，老杨把老熊介绍到了阿拉丁。

老熊走进阿拉丁的时候，内心是忐忑的，他不知道老杨没收他中介费，还热心带他来的公司究竟是怎样一个公司。当时是我妹妹小玉面试的老熊，小玉对他说我们有前台销售、网络销售、外联销售、户外领队四个职位，问他能做什么。老熊自信而空洞地回答：“什么都能做。”于是小玉让老熊第二天到前台来实习，实习期为 3 天，公司提供工作餐。

事实证明，正如老熊所说，他确实什么都能干。实习的 3 天里，他先在前台获得了销售业绩，被主管欧阳姐招进前台销售部；接着又做了户外领队，带梅里雨崩徒步团；同时还主动做了网络推广，定期发布游记，并在网上拉客。当月，老熊就因为技能多多、用心带团，收入比其他同事高出不少，后来，在旺季的时候老熊常常月入过万。再后来，这个表现突出的 20 岁出头的年轻人就成了我们阿拉丁旅游的户外专线负责人，按月享受利润分成。

2009 年春节刚过，老熊找到我说：“三哥，我们可不可以搞一个‘环游西部 60 天’的活动？5 月 1 号出发，刚好为公司两周年做一下宣传？”我一听就乐了，说：“这个够酷，要花多少钱？”老熊说：“按两台车算，最多花 20 万，如果能招到一些客人加入，应该 10 多万就够了。”我回答：“那就干吧！公司的账上还有 50 多万，足够花！”

于是老熊计划了详细的路线：丽江—香格里拉—梅里雪山—波密—林芝—拉萨—羊湖—日喀则—珠峰—札达土林—古格王朝—玛旁雍错—冈仁波齐—阿里狮泉河—日土—新疆和田—库车—库尔勒—巴音布鲁克—拉那提草原—赛里木湖—伊犁—奎屯—克拉玛依—魔鬼城—喀纳斯—五彩城—乌鲁木齐—火焰山—哈密—敦煌—德令哈—青海湖—兰州—夏河—甘南草原—年保玉则—若尔盖—九寨沟—都江堰—成都—四姑娘山—新都桥—理塘—乡城—香格里拉—丽江公路，共计旅行 60 天。

接着，老熊又将整个行程分成六段，参团顾客可以分段参加。

2009 年 5 月 1 日，“环游西部 60 天”正式开始，老熊亲自带队并兼司机。由于我们 2008 年就开始与香格里拉石卡雪山景区紧密合作，所以此行，我们争取到了石卡雪山景区老板王贵林先生的 5 万元赞助。然后第一段丽江到拉萨的旅程有 4 位客人报名，其中南京客人张哥一直跟团到第四段的乌鲁木齐站才结束。第二到第四段旅程有 3 位客人加入。

此次活动的重点与目的是宣传公司，于是老熊叫来了前网络销售部同事美女陈亚亚做全程游记直播，途中，陈亚亚负责每晚在“猫扑”上发布当天游记，同时再发一份给公司网络部，由公司网络推广部、网络销售部的同事，负责将每天的游记转发到提前布局好的各大网站及旅游论坛。

行至5月15日，行程进入到第三段的时候，我飞去新疆和田与团队会合。从丽江出发时，宣传就已初见成效，网络销售部每天都能接到看了我们的游记从而找到我们想要报名参团旅游的客人的电话，而我们阿拉丁旅游官网的流量也从平时的一天1000人左右增长到一天1500人左右，前台也时有客人是因为看了游记而跑来咨询的。当时我们每天的出团游客量为40—50人，公司员工人数才有40多人。

我到了新疆加入团队两天后，发现我们的队伍每天早上正式出发的时间，与预计出发时间总相差半小时以上。于是我梳理了早上出发流程的执行方法，将出发时间非常精确地控制在每天早上8点集合，8点10分准时出发。首先，每天晚上团队入住时，我把所有人的房间号都记录了下来，要求大家早上定好7点的闹钟。然后次日早晨，我6点45分起床洗漱，7点挨个去敲门，确保每个人都起床洗漱后再回房间收拾好自己的行李，然后将行李先拿上车，再回来挨个核实所有队员的行李是否拿上车。7点40分之前，确定所有行李已经上车，我再去吃早餐，8点确保所有队员吃完早餐，然后集合出发，如此，就大大地提高了每天的效率。

特别有意思的是，在魔鬼城游玩的那天下午4点多，我们在路边的维吾尔族饭店吃饭，当时我们一行9人，一人点了一份新疆拌面，又点了两公斤手抓羊肉。当一个维吾尔族中年人把一盆手抓羊肉端上来时，一群苍蝇比我们的手还快，迅速包围了羊肉，于是同事洛洛站起来大叫：“老板，快过来看看！”“什么事？”端肉的维吾尔族同胞小跑过来。洛洛指着正在攻击羊肉的那群赶也赶不走的苍蝇问他：“你看这是什么！”只见这位维吾尔族同胞慢慢地把双手插在了自己的腰上，瞪着大眼睛挨个扫视了我们一遍，然后用他的右手指向了苍蝇，拉长拉大了嗓门，用新疆普通话高声说道：“他——能——吃——多——骚（少）？”说完转身就走了，留下茫然的我们，集体凝滞了3秒钟，然后大家竟然都哈哈大笑起来。

从2009年6月开始，我们发在网上的游记浏览量大增，公司网站的浏览量也从之前的千余流量暴涨到最高10万的流量，都是来看游记的网友。暴涨的流量直接导致服务器瘫痪，于是我们在服务器瘫痪当天就买了一台新服务器。很多网友每天就像追剧一样坐等我们更新游记，看到追更等类似留言，我们知道了此次环游西部之旅的又一层含义——带着众多驴友做一场心灵的旅行。

同时，随着丽江公司参团人数的增加，员工不够用了，导游、领队都不够用了，公司开始大量招人，而招来的导游、领队还没来得及学完全部流程的培训课程就被派去带团了。我们用老司机带新导游、老导游跟新司机的调配方法，让新司机新导游在带团过程中边工作边学习边磨合。

环游西部的行程走到40多天的时候，公司业绩翻倍式增长，而不满意率也上升得很明显，以至于我的助理与计调经理打电话告诉我，他们俩每天都忙得晕头转向、不可开交，差不多24小时都在工作了，睡眠严重不足，再不控制客人的日报名人数，估计公司离倒闭就不远了。

第四段行程结束时，队伍抵达了乌鲁木齐，为了解救丽江公司的困境，团队决定让老熊与另一位同事乌鸦飞回丽江公司救急，由我继续带着团队走完全程。

当我们结束环游西部60天的旅行回到丽江时，公司的大部分员工我都不认识了，我飞去新疆与队伍会合时，公司只有40多个员工，而回来之后却发现公司竟然有 100 多个员工了，公司的日营业额也从 3 万多元变成了 10 万多元，每月参团人数从四五十人增加到百余人。

尤其我们还收获了一名忠诚的“粉丝”，他来自江苏常州，他来丽江的目的非常神秘，到丽江后还苦苦等了我们好几天。我们回到丽江的时候，谜底终于揭晓，这位帅哥在 40 多天前开始每天看我们的游记更新，别人是爱上了我们的旅行，而帅哥晓冬则是爱上了我们的美女主播“亚亚”，于是他迫不及待地到丽江等候，就为了与“亚亚”相见。后来，帅哥晓冬参加了我们 10 月份组织的香格里拉穿越亚丁徒步游，成了我的队员。一路上，晓冬对藏香猪垂涎三尺，总想对山里奔跑的藏香猪下手，想品尝一下“小黑猪”的美味，于是我给他取了个外号叫“小黑猪”。最后，“小黑猪”如愿以偿，追到了我们的“亚亚”，并把“亚亚”娶回了常州，复一年，二人就生了一个可爱的儿子。

我们的旅行改变着我们的人生，也改变着别人的人生。

《恶人传》现实版主角——香格里拉建平哥

2008 年的夏天，香格里拉石卡雪山景区的二老板建平哥，经我们阿拉丁旅游公司的发起人兼房东和彩武大哥引荐，迫切地想和我们阿拉丁旅游公司合作，打开他的石卡雪山景区的销路。

石卡雪山景区主要的收费项目为索道，景区开放 2 年多，人流量一直比较稀少，非但不盈利，还略有亏损。当时索道票价 180 元 / 人，给团队的折扣价是 120 元 / 人。2006 年，石卡雪山景区客流 4 万多人，总收入 500 多万元；2007 年客流 5 万多人，总收入 600 多万元。如果要盈利，收入必须突破 800 万元。

听完建平哥的介绍，50 来岁的和彩武大哥说：“建平，你先给沈老爷多送点票，让我们的沈老爷帮你带动一下丽江的市场，市场被带动起来了，人流量大了，你就能从各个旅行社多赚点钱，你们的景区就好过了。”和彩武大哥总是喜欢打趣地叫我沈老爷，他说有一天，我也能成为现代版的富商沈万三。“和大哥说得没错，只要市场不乱，人流量能够提升，送票没问题。”建平哥爽快地答应。建平哥 30 岁出头，是香格里拉有名的“社会大哥”，身材、形象和气质跟韩国电影《恶人传》里的“马东锡”非常像，传说也是能一个打 10 个的主。

我想了想，说：“建平哥，你要真想一鼓作气做起来，我提一个大一点的要求，你达到了，我就一定能帮你做起来。我们阿拉丁公司一年预计能给石卡雪山做出一万人的流量，再加上我们的地图广告、网络推广，会起到明显的带动作用，帮你的景区突破 1000 万元以上的收入也不难。”建平哥一听两眼放光，挺直了身板说：“你说吧，什么要求？我能做到一定满足。”

我笑着说：“要求就是你去买两辆新的 47 座大巴，免费给我们阿拉丁公司使用。我听说香格里拉刚落户了 40 辆 47 座的新车，应该会有人转手。你买来之后，这两辆大巴专做丽江到香格里拉石卡雪山 2 日游的线路，我们阿拉丁不管每天组团多少人，都能像飞机航班一样准时发团。两辆大车的车身上贴上广告，每天行驶在路上，广告效益明显，还能彰显咱石卡雪山景区的实力。车子你们免费提供，司机、油费和车子的维护费用我们公司承担。门票和索道票你一张也不用送我，我还是按旅行社的统一价一张 120 元给你结账，而且我们把来香格里拉玩的丽江古城的客栈老板都免费邀请过去体验。这就是我的要求，你看可行不？”建平哥听完，一拍大腿，说：“兄弟，你说的我听懂了，你这个方法行得通。我这就回香格里拉落实大巴车的事儿，你直接着手找司机吧，准备做广告招揽游客。”

建平哥做事痛快，当天回了香格里拉，第二天下午就给我打来电话，说车已经落实完毕，明天早上过户，让我们明天下午就从香格里拉把车开到丽江，尽快组团来石卡雪山。

我当时给香格里拉石卡雪山景区 2 日游核算的成本构成为石卡雪山门票 120 元，虎跳峡门票 25 元，车费 50 元，三餐餐费 85 元，藏民家访活动 15 元，房费 60 元，给客栈的销售分成 100 元，综合服务费与利润 125 元。于是这条线路的定价为 580 元 / 人。而我们的目标是一年做一万人，在这个线路上赚纯利润 70 万元。

接下来，我们就铺天盖地地发地图、贴海报。我们通过各种渠道招揽客人，还找到了当时丽江网络推广做得最好的自由生活驿站的两个年轻老板——喻飞与小石头，让他们帮忙做网络推广，合作半年，按我们收客的总人数给他们算每人 20 元的网络推广费。以自由生活驿站非常有力的网络推广为铺垫，我们的丽江——香格里拉石卡雪山 2 日游活动进展到第三个月，人流量就稳步达到 30 人 / 天，到这个时候，网络推广的工作就比较轻松了，到第 4 个月之后，自由生活驿站几乎没有做推广，但我们的客流量依旧在稳步增长，有一个月参团的总人数达 1100 多人，我们照旧按人头给自由生活驿站支付了 2 万多的推广费，他们收款时都很诧异，好像到手的是一笔不义之财。

再说说王贵林大哥，他身材不高外表文雅，说话声调不高但声音浑厚，他从小习武，身体非常强壮，举手投足间颇有民国第一杀手斧头帮帮主王亚樵的风范。王贵林大哥年轻时是香格里拉有名的侠客兼打架之王，据说曾经一记重拳把一匹疯狂跳跃的烈马打趴下。

解决了后顾之忧，我们通过半年的努力，做到了 2008 年石卡雪山景区的门票加索道收入突破 850 万元，2009 年突破 1300 万元，到 2012 年，总投资 7000 多万元的石卡雪山景区被昆明的一家公司估值 1.3 亿元收购，建平哥开心地送了我一辆我喜爱的越野车。

与建平哥的愉快合作，不仅成就了石卡雪山景区的成功，也成就了我们阿拉丁旅游公司的辉煌战绩。后来建平哥还做过很多“风云大事”，比如赶走在香格里拉收保护费的地痞流氓等，堪称香格里拉的英雄人物。

做出丽江唯美客栈的女老板——曾惠

曾惠是深圳一家装修设计公司的老板娘，年龄40岁左右，2008年初，在同事阿东的介绍下，曾惠找到我，请我帮她一起完成一家客栈的设计。

曾惠租的房子是典型的清代风格宽敞型纳西庭院，占地800多平方米，院内房间不算多，租金一年2.5万元。曾惠说她想花80万到90万元，装修出8个大房间，房费平均定价为400多元一间。我测算了一下，感觉空地有点多，显得过于空旷，建议再建一间40平方米的院中院，院内建一层客房、独立成院，算是缩小版的“悦榕庄”。悦榕庄是遍布亚洲的高端度假型酒店，算是我见过的最盈利的酒店。曾惠的预算因此增加到100万元，房间总数做到9间。

曾惠同意了我的建议。我在丽江古城先后装修了5个客栈，还盖过一些房子，熟悉装修队，就帮曾惠找来了与我合作最多的极富经验的装修工头王福九，又找来丽江最好的家具设计师台湾人阿江。我负责工程的布局设计，曾惠负责装饰设计与成本把控，王福九负责装修执行，阿江负责家具，我之前买的一堆红豆杉老树根也在阿江的设计下派上了用场。在我们4人团队的默契配合和精心设计下，一个超级经典的客栈终于诞生。

4个多月后，“情人结客栈”被精美地呈现出来，经过严格把控，投入100万元，预计客栈经营后，第一年的预期收入为:490（客房价格）×9（客房数量）×365（天）×58%（入住率）≈ 94 万元，94（毛利润）×65%（利润率）≈ 62 万元，这样计算，只要 1.6 年就可收回成本。

相对而言，我的古城橡树园客栈占地 900 平方米，总投资 160 多万元，装修了 31 个客房，业绩为年平均房价 145（客房价格）×31（客房数量）×365（天）×63%（入住率）≈ 103 万元，103（毛利润）×65%（利润率）≈ 67 万元，2.4 年回收成本。

由此可见，做客栈首先要做好定位，精于计算是成功的第一步，也是最关键的一步。

曾惠的性格也算江湖侠女型，2009 年我说要组织香格里拉徒步穿越亚丁，曾惠第一个交钱报名，而且还赞助场地，把出发前的聚会放在了她的情人结客栈，一路玩得很开心。结束前，曾惠向 30 多个队友宣布，接下来还要在丽江玩的队员，都搬到她的情人结去住，全免费，以后所有队员再来丽江，她都请客，免费入住情人结，如果过意不去，入住超过 5 天，象征性地付一晚房费就可以了。大家都惊叹不已，激动万分，回团后，没有离开丽江的队友们，就在情人结欢聚了好几天。

有次我在北京参加学习班，班上一位同学叫张显峰，张同学听说我是从丽江来的，就问我在丽江做什么，我说在丽江做旅游，张同学就对我说，他的朋友曾惠在丽江开客栈，前两年他住在情人结客栈的时候，也认识了一位在丽江做旅游的朋友，长得还有点像我呢，接着他又问我：“他叫沈三，你们认识吗？”“啊……我不就是你认识的那个沈三吗？”于是双方惊讶地同时大笑起来。

曾惠的情人结客栈经营了 7 年，之后以 500 万元的价格转让了出去。

做民宿亏了几千万依然坚强美丽的安琪

安琪是 2009 年夏天我们阿拉丁旅游公司的参团客人，跟我们的外联销售经理张林旭认识后，就一定要请我吃饭，后来我约她从香格里拉回团的当晚吃饭。

安琪在参团前一个月来过丽江，当时她落地就淋了点雨，感冒了，但她还是特别想去香格里拉，就跟所住的花间堂客栈的管家咨询香格里拉参团的事宜，客栈管家就联系了我们的实习生武磊。武磊向安琪介绍了香格里拉二日游的基本行程后收了团费，开了收据，才发现安琪在咳嗽，于是就问她是不是感冒了，安琪说是，武磊就建议安琪先别去香格里拉，因为感冒后更容易缺氧，产生高原反应，肯定玩不好。武磊把钱退给了安琪，让她感冒好了再参团，或者下次来的时候再参团。

安琪见我们阿拉丁的实习员工都这样真诚、温暖，内心特别感动，也更加喜欢丽江。年轻的安琪在深圳做别墅装修工程的设计，自己开公司，当老板。当时她已经厌倦了深圳的繁忙，遇见丽江后，便萌生了在丽江开个客栈的想法。她想开个有 10 多个房间，房费能卖到 1000 元一晚的高端客栈。于是第二次，也就是一个月后，她再来丽江，就请我吃了顿饭。席间，我说我参与设计的情人结客栈非常高端，明天可以带她去看一看，她欣然同意。

安琪看了情人结客栈，非常喜欢，决定暂时不回深圳，并搬去情人结客栈住了下来，打算就按情人结客栈的风格在丽江古城找个院子，做个精致高端的客栈，邀请我参与一起设计。

接下来，安琪辛苦了一周，在古城五一街中段的巷子里找到了一个一进三院的房子，有4家房东，占地800多平方米，房子比情人结多一些，房租一年11.5万元。

我们研究了几天后，决定布局11间客房，投资预算200万元，装修出房费在800元到1800元的不同档次的房间，均价在1000元每晚，我同样找到做过情人结客栈的装修工头王福九、家具设计师台湾人阿江来组团装修。

其间安琪还回了一趟深圳，把家搬了过来，还带来了在上海工作的老公陈雷。陈雷是知识分子型的大个儿文静理工男。他们的相识竟然就是因为旅游，当时陈雷到深圳出差，有几天工休，就报了一个深圳到阳朔的3日游旅行团，同样单身的安琪就是他在团里的邻座，两人认识后就开始恋爱，最终走进了婚姻的殿堂。婚后两人对生命与生活有了更新的认识，决定要趁年轻好好享受爱情、享受生命，于是他们放弃了优质的工作、丰厚的收益来丽江生活。

安琪过度追求完美，于是客栈装修折腾了一年多，而我以前装修客栈时从大理淘来的3米长、1米宽的1000多斤超级大楠木板也派上了用场，做了大堂的餐桌，而我在剑川淘来的木头老磨槽也成了客栈的招牌，连我在香格里拉淘来的几块珍贵的直径80到90厘米的“五角枫”圆木也被做成了精美的小茶台。我们在讨论客栈的名字时，我开玩笑说这个客栈应该叫“遥遥无期”，后来陈雷给他们的客栈取名叫“云上公馆”。

云上公馆经营了3年多，被一位山西来的土豪老板王大哥看上了，王大哥甚是喜欢这个客栈，反复来丽江洽谈，每次都带来各种高级的礼物送给我们，还送了我一部苹果手机。他不断地跟安琪沟通转让客栈的事情，最后他给出了一个惊人的价格，以850万的高价把“云上公馆”收购走了。

客栈归王大哥之后，就不怎么接待游客了，主要用来接待王大哥生意场上的朋友，他还在客栈里摆上了很多高级的装饰品、古董与名人字画，据说加起来价值过亿。云上公馆对于王大哥来说，算是一种消遣消费的生活方式吧。

随后，安琪去了大理，在洱海边建了一个 80 多个房间的客栈，还建了一个有 13 个房间的小小的“木西客栈”。安琪在洱海的大客栈投资了 2000 多万元，还没来得及开业，就遭遇了 2017 年的大理洱海环湖整治，被强拆了，基本上算是血本无归，只剩下小小的精致的木西客栈还在继续经营。

丽江第一代网红——洛洛

游客与洛洛相互救赎

洛洛名叫张之洛，是 2007 年阿拉丁旅游公司开业不久前来应聘的男生，当时我们的公司还不到 20 个员工。当时洛洛直接找到我，说流浪到了丽江，想找份工作，待遇不强求，能先保障吃住就好。我一听，这待遇倒是容易实现，就向他介绍了公司的基本情况。

过了一个月，洛洛正式找过来，说离开丽江去安顿了一些事儿，从现在开始可以安心地在丽江工作了，于是我就安排他开始在前台实习。洛洛生于河南，小时候在四川生活，少年时期到广东生活，前几年在深圳做报社的记者。洛洛的普通话非常亲切，跟邬敬民老师一样，基本没有口音，发音清晰，这对做旅游行业是一大优势，实习期过后，洛洛“得心应手”地做起了导游。

也许是因为做过记者，洛洛做起导游来，讲解一流、逻辑缜密、思维清晰、重点明确，既不像大部分专业导游那么腔调生硬、讲解做作，也不像一般领队那样内容空洞，人云亦云。洛洛带团也有很好的技巧与方法，比如带客人去虎跳峡，要徒步走过落差近 200 米的陡梯，对普通游客来说，这样的旅行还是有点辛苦的，于是洛洛就会不断地给游客“加码”，如果是年轻人，那就是风趣幽默的激将法；如果是中老年人，那就是加油打气加鼓励。洛洛见识极广，仅次于邬敬民老师，没多久就成了公司里不可或缺的导游一哥。但洛洛在工作之外，一直是忧郁范儿、忧伤范儿，跟同事们的交流也不算太多，略显清高，大家都觉得这小子挺能“装”，装啥？装深沉、装高冷！

不过后来我们才知道，原来洛洛来公司之前，刚刚经历过一段离奇而凄美的爱情。洛洛刚到深圳时，迷茫无助，遇到了漂亮的女同事由美。由美是独生女，家在深圳，很欣赏洛洛，对洛洛也关照有加。后来这对俊男靓女就恋爱了，一年前，恋爱中的由美对洛洛说想去丽江旅游，想在玉龙雪山许下最美的心愿，于是这对情侣开心地飞到了丽江。丽江古城的温馨浪漫、束河的寂静唯美、玉龙雪山的深邃壮观，浸泡了他们甜蜜的爱情，在丽江的几天，他们度过了人生最浪漫最美妙的幸福时光，洛洛每天都在偷偷演练向由美求婚的场景，准备回到深圳后认真布局，买个戒指，找个最佳的时机，向由美求婚。

然而让人匪夷所思的是，回到深圳的第二天，由美就给洛洛发来短信，还发了一封邮件，然后就退出了洛洛的生活。原来由美在出发去丽江之前，就悄悄地向公司申请离职了，由美在短信和邮件里对洛洛说，之所以约洛洛去丽江，是因为她遇到了中学时期的初恋对象，他跟她求婚，自己举棋不定，所以才约洛洛一起去丽江，以便看清自己的内心，究竟是更爱洛洛，还是最爱初恋。而丽江之行尽管绚烂，还是无法让由美忘记初恋，于是她正式向洛洛提出分手，并请洛洛不要再联系她，还说自己马上就要离开深圳，跟初恋男友去他的老家广州结婚，婚后就住在广州，不再回深圳了。

洛洛收到由美的短信和邮件时，宛如被电击一般，整个人都蒙了，接下来，洛洛大病了一场，躺了整整半个月。半个月后，洛洛继续上班，却没了往日对工作的热情，甚至完全没了自信，在孤独中，在对由美的思念中，他煎熬了半年，才从失恋的阴影里勉强爬出来。

直到一年后，也就是两个月前，洛洛去东莞采访，偶遇由美的闺蜜玉霞，玉霞才告诉洛洛，原来由美已经去世快一年了，由美去世的日子，正是她和洛洛从丽江回到深圳的第 43 天。由美在和洛洛去丽江之前，就查出自己已经癌症晚期了，年轻的由美与死亡和解，拒绝在医院里煎熬，选择与洛洛一起去丽江，给自己的生命画上了一个绚烂的句号。正因为怕洛洛痛苦，怕在生命的最后拖累洛洛，由美编织了一个有关“初恋”的“童话”，和洛洛毅然分手。

洛洛万万没有想到，电视剧里的凄楚剧情，竟然真的就在自己的人生中上演了，他知道真相后，又一次被击垮，他陷入了极度的自责与忧虑之中，一连几天都到由美的坟前跪拜，后来，悲伤到无法自拔的洛洛来到了最后与由美相伴的美好之地——丽江。

不过值得开心的是，洛洛并没有一直忧郁一直孤单下去，他认真工作的态度与忧郁的气质终于在入职阿拉丁一年多后，迎来了一位女神的眷顾。这位参加洛洛旅行团的女生，在回到北京后，写了一篇游记发到了网上，游记名字就是《我想回丽江》。就因为这篇游记，我把那名女生列为阿拉丁一号女顾客。

下面是《我想回丽江》游记完整版。

我想回丽江

传说汉武帝做了一个梦，就派人寻到了七彩云南；我怀揣着一个梦，飞到丽江以求圆满。

飞行前一天，MSN 的签名已经改成“只有青山藏在白云间蝴蝶自由穿行在清涧”。4 年前在工人体育馆听许巍演唱会的时候，听到这句歌词，之后，这番景象就时常出现在我的梦里。

飞机一路向西南方向飞行，我手中捧着在首都机场买的《云南旅行攻略》，想利用 3 个余钟头的飞行，计划此行 5 天的目的地。这样仓促而缺乏准备的旅行，不够专业且有点冒险，但我要说，我确实需要这样一个旅行，一定会有人理解我的心情。

将书翻看了一遍，一个不算主意的主意便产生了——就在丽江古城小住 5 天也好。

生活在别处，哪怕只有 5 天。

（一）古城

对丽江古城所有的幻想来自《好想好想谈恋爱》，四个渴望真情的都市女人在过尽千帆后，不约而同地飞向了那个地方。

那个地方有石板路，有阳光，有洒满金色阳光的石板路；那个地方有小桥，有流水，绿色的水草在小桥下的流水中曼舞；那个地方有鲜花，有柔和的四季，有四季不败的鲜花；那个地方有客栈，有院落，有坐落在可以喝茶聊天的院落里的客栈；那里还有一扇窗，推开窗，我可以看见想看见却不曾看见过的风景，遇到我盼望已久却一直未曾谋面的人。

明知道孤身去丽江古城，可能每天都会迷路，我却把索取一份地图的任务留在了离开的那天；我把所有我将穿行的街道视作缘分的见证——如果和一条街没有缘分，即便按图索骥，也不一定能够看到风景，至少我这么想。

古城很古老，古城很小资。古城里内容丰富，有在网络上流传甚广的酒吧、客栈、商铺、名人故居，还有在建的图书馆、戒备不算森严的消防局、在周末一片寂静的小学。这里的银行古典精致，木质的门匾上附有银行名字的东巴文翻译；这里的餐馆满室闲情，能欣赏桌上的鲜花还可以边吃饭边喂狗；这里的人们慵懒自在，过了10点再将门板一块块拆下开张做生意，并且一边看店一边用笔记本享受覆盖全城的无线网络；这里的人视钱为过眼云烟，在晚上7点以后点菜就会遇到售罄的情况，而且老板会告诉你“没有啦，不做啦！”用我常说的话就是：这钱老子不挣了。很好。我很欣赏。

我曾在古城走了一整天，从阳光满街走到夜幕初降。腿已断，心猖狂。7点回到客栈，还在琢磨去街口的篝火旁和纳西女人们一起跳舞。但很快，疲劳与饥饿来袭，孤独竟然也趁机而入。拿起电话，没有可以抒情的人，自己找饭去。

一个人很容易吃饱，打发醒着的时间便是一个问题。头一天被一个黑导在拉市海夯了几百块，对于去景点游览便失去了兴趣。但事实上，明天也许还会遇到同样的不知道如何打发时间的问题。此时路过一家“阿拉丁纯玩旅游公司”，在北京出发之前有朋友推荐过。看看？那就进去看看吧。

（二）阿拉丁

一个朋友曾跟我交流过，说上班这件事，干什么不重要，关键是跟谁干；我到今天认为，旅游这件事，去哪儿不重要，关键是跟谁去。

神话中说，阿拉丁神灯里有个魔鬼，他会像烟一样飘出来，问你的三个梦想。重要的是，他会承诺帮你实现。这一次我想说，游玩的你怀揣梦想，阿拉丁就能给你一双翅膀。

我推开阿拉丁的大门，一个小伙子对我说，“请问有什么可以帮您？”我说：“我随便看看。”他问我打算在丽江待几天，我说还有3天，他说：“那就去香格里拉吧！”我说：“太远。”他无奈，就对着电脑忙自己的事情去了。

一个年纪稍大一点的接待走了过来，再次向我推荐香格里拉2日游线路，给我看了画册，看了宣传品，慢慢，我开始动心。他给我讲了那里迷人的风光和行程中的精彩活动，还说晚饭马上就做好了，他给我多添一双筷子。

晚饭做好了，是鱼粥。开始那个小伙子姓周，山东人，他向厨师大呼，说吃不饱，为了证明他的话，他还拉上同是北方人的我，一起向厨师诉苦，讲述北方的饮食习惯。为此，厨师专门为小周做了一盘鸡蛋炒米饭。

我没有吃饭，但和小周混了个脸熟。小周说他心情不好，才被女朋友摆了一道，即便如此，他还在一边上网一边帮摆了他一道的女友订机票。另外一位年纪稍大一点是老吴，他吃完鱼粥，也在小周的唠叨中谈起了自己的感情：和女朋友吵架，女朋友来到了丽江，他也追到这里，然后就分手了，然后，就有了这个店。

我提出想用电脑，小周就把自己的电脑让给我。小周跟我聊天，聊北京、聊丽江、聊工作、聊感情。不知不觉间，快3个小时过去了。为了第二天我的香格里拉行程，我提出要回去休息，他们说好。

香格里拉行程注定是梦幻之旅。阿拉丁的“纯玩”让我找到了没有负担的纯粹快乐，我现在琢磨，这个模式非常厉害，一定是某个疯子想出来的。我曾在从香格里拉返回丽江的当晚，去阿拉丁当面感谢他们对我的帮助，感谢他们给我的难忘旅程。夜里12点了，只有老吴在，他说小周去外地了。我说感谢，他说不要客气，坐下来喝水。

（三）阿洛

不少女人都认为，当一个男人专注于自己的工作的时候，是最性感的；阿洛就是这样。阿洛是谁？是他带我们这个团去香格里拉。

3月1日清晨，阳光清洌。阿拉丁的印有蓝月山谷风光的紫色系大巴停在了接待人员带我等候的古城南门路口。我作为此团最后一位上车的人，选了座位坐好。阿洛站在车前部，拿起话筒，我们的香格里拉之旅开始了。

阿洛的微笑和声音通过他的自我介绍和解说词，很快感染了我。他是个钟情旅游的小伙子，他滔滔不绝，但言语间充满故事，让我在他自己的故事和香格里拉的故事中自由穿梭。我坐在我的座位上，居然找到了高中时候专注于自己暗恋的语文老师的感觉。但是，我的高中语文老师上课不戴墨镜，而阿洛戴着墨镜。吃完中饭，我要求阿洛摘下墨镜，他摘下了，我居然没有胆量去看。

我们下午到了松赞林寺，令全团人诧异的是，自从我们在阿洛的带领下进寺参观，我们的11人小团瞬间变成了好几十人。而且，其他团游客的导游也随即不再张口。没有插科打诨，阿洛的专业解说让新组成的大团的每一位游客平静而祥和，并且不时有人发出由衷的赞叹。

参观完毕，团员们都带着些许不满却又自豪的情绪问阿洛，说为什么别人蹭我们的导游，阿洛说，基本上每次都会发生这样的情况。他来到寺里，其他导游就不再张口说话了，同时，只会催促自己的游客跟上阿洛的脚步。

我们来到了香格里拉，阿洛说那里绝对是一个梦，想想阿洛常常活在这个梦里，嫉妒不已。

第二天的行程是登石卡雪山。由于天气原因，阿洛和大家商量，如果不能登顶，如何修改行程。结果 11 人的看法空前一致：一定要去，先到半坡，天气好了，我们还有登顶的可能。事实上，当天确实是这样的，我们在半坡玩得七仰八叉的时候，头天夜里感冒的阿洛传来好消息，经过与多方关键人士沟通，上级领导同意雪山索道工作人员专门为我们团开通登顶索道。

我想，阿洛这样的导游不是帮游客背包的，而是肩负着所有游客的梦想，他要把大家的梦想一直背到山顶。按照阿洛所说，在山巅，我系上了头一天在藏民家访时受赠的哈达，表达我对神山的崇敬。

将要下山时，天气恶化了。我们被困在了山上，阿洛的感冒严重了，但依旧反复联系为大家确认下山的时间。下午两点，我们得以安全下山，每个人饥肠辘辘，但却沉浸在雪山登顶的快乐之中。

但是，阿洛的感冒严重起来。我让他吃药，把我的暖水壶递给他。

其实，在此过程中的美景和精彩的活动细节我没有提，我想让看了我文章的人亲自去体验，去看看阿洛，听听他那带着笑意的声音。

（四）误机

离开丽江那天，我误机了。

那天我一早便和在香格里拉团里新认识的小于妹妹一起去了束河。但诚实地说，我一直在挂念阿洛的病情。因为我们结束行程在阿拉丁各奔东西的时候，阿洛作为丽江城唯一一位穿着羽绒服的怪物，瘫坐在公司前台的藤椅上。

中午，我跟小于念叨，不知阿洛好点没有，阿洛的电话就来了。

阿洛说，感谢我给他的感冒药和热水，想请我吃饭，为我送行。后来，我就误了飞机。

再后来的几天，我和阿洛在一起。我吃了许多别的游客吃不到的丽江特色，阿洛给我讲述了许多别的游客不知道的丽江，不知道的香格里拉。尽管如此，阿洛告诉我，如果还能多待几天，还能够吃到更多、听到更多。我陪他去打针，看他一天天好起来。

我要走的那天，阿洛去公司开会。想着自己就要离开这个城市，甚至不敢听见和看见遍布古城的潺潺流水，因为想到、看到，眼泪就难以停止。

阿拉丁公司就在古城口大水车对面，站在公司门口，就能看到水中荡漾着水草的护城河。我迎着阳光坐在阿拉丁的门口，借口泪水是缘于刺眼的阳光。

在去机场的路上，看着车窗外飘逝的风景，泪水开了闸。司机师傅借后视镜看着我，把音乐开了又关、关了又开……

都说在丽江一定要寻访一位隐士，我寻访的不止一位。给我留下深刻印象的有两个，一位是因为我违反他家“禁止拍摄”规定而要我为他洗碗的现代艺术家，另一位是得知我要离开丽江时送我一张音乐 CD 的制作人。后者跟我道别时跟我说：美女，替我向人间的朋友问好。

的确，我要离开这座美丽天堂了。

在机场，我买了一堆有关丽江的图书，其中包括阿洛床头那本《消失的地平线》。

（五）回到北京

原来思念一个城市，眼泪会经常地夺眶而出。

在你乘坐北京公交望着春天依旧萧索的窗外时会，在你深夜打开音响听着丽江带回来的音乐时会，在所有你想念阿洛的时候会。

生活在别处，爱情也在别处。

我想，我会回到丽江。（完）

洛洛因此被爱情眷顾并拯救，也只有爱情才能拯救洛洛。

这位素未谋面的女生写的“阿拉丁这个纯玩旅游模式非常厉害，一定是某位疯子想出来的”，这不是对我最高的赞誉吗？从此我就开始用“沈疯子”这个网名。

这篇游记发到网上以后，浏览量极大，两个月在携程上就超过了 10 万的浏览量。据我们的前台与网络订单的统计，3 个月内，因为看了这篇游记来公司报团的有 700 多人，还有很多游客找“阿洛”，要求见面合影。

2009 年 5 月 1 日，我们公司组织环游西部 60 天活动，最热爱旅行的洛洛第一个申请参加并走完了全程。

2010 年底的时候，洛洛告诉我现在兴起了“微博”，并且教我也注册了一个，不久后，2011 年 2 月 28 日下午 16 点 52 分，我在公司门口的楼梯上，发现对面离丽江古城 7 公里外的丽江城南边的山上冒起了浓烟，举起手机拍了一张照片传上了微博，只写了两个字“着火”。几分钟后，洛洛就在微博上看到了我发的图片与信息，当过记者并敏感的洛洛马上跑去北门坡的最佳位置，并借了一个相机，在傍晚时候，拍了三张火光冲天的照片传到了微博上。当时洛洛的微博已经有 1500 多个粉丝，其中有参加过我们团的报社与电视台的记者，洛洛上传的大火照片，引起了微博上的广泛转发，而我发的微博也引起了一些关注。

随即，洛洛打电话找到我，说我们要跟进火灾的情况，恰巧和彩武大哥也打来电话，组织志愿者救火，我说我们公司应该有十多个人可以去参加和大哥组织的拉市海救火队。第二天早上 5 点，我们去山脚集合。凌晨 4 点 30 分我开车去接到洛洛的时候，他告诉我昨晚回复网友信息到 2 点才睡，现在，他的微博已经有 15000 多粉丝了。

第二天幸好没有起大风，我们一起参加了救火队，在各种救火队与消防队的全面扑救下，中午 12 点前，大火被全面扑灭。下午回到公司，发现全国各地竟然有 200 多名记者已经坐飞机来到了丽江，进行火灾报道，他们在网上查到了洛洛以前公布过的手机号，记者们把洛洛的电话打爆了，洛洛最后不得不关机。于是很多记者又找到我们公司，最后知道火被熄灭了，有几个记者还报了我们的团去旅游。一场大火，让“丽江洛洛”成了丽江微博的第一名人，丽江市宣传部也因为此次事件首次注册开通了官方微博。洛洛还特意邀请微博营销教父——杜子建老师来丽江给我们分享微博营销。

6 月，洛洛的微博刚火不久，他跟我分享了一件刚发生的非常开心有趣的事情。当时是 2011 年，洛洛春天的时候带了一个雨崩 6 日游的 8 人团，这个团里的 8 个人互不相识，都是 70 后、80 后，加上洛洛 9 人。他们在一起玩得特别开心特别轻松，到第 6 天结束的时候，简直是难舍难分，大家结下了深厚的友谊。那是洛洛带团 3 年多来，最愉悦最有成就感的一次，团里有 3 人来自上海及上海周边，有 3 人来自北京，有 1 人来自广东佛山，还有 1 人来自深圳。上个月洛洛去上海玩，通知了当时团里的 3 个团友，他们在上海聚会，那天是周四晚上，席间，上海的大姐提议，能否召集一下他们的雨崩 9 人团，来个周末的上海聚会？于是他们拿起电话分别打给其他 5 人，除了一位北京哥们在美国出差来不了，其他 4 位团友竟然全部兴奋响应，于是周六，他们统一出现在上海，完成了雨崩 9 人团的再一次“重逢”。

洛洛觉得这是“单身男女”加“雨崩徒步”组合在一起的最佳效果，讲完这件事，他问我：“我们是不是应该专门组织雨崩单身团？”于是我们又马上找到公司的头号领队“雨崩之神农布”。农布一听，觉得很有意思，接下来我们就成立了“童话雨崩单身俱乐部”，逢单号发雨崩单身团，由洛洛任负责人，农布任部长与领队负责人。

“雨崩单身团”反响非常好，多年下来，成就了很多团友的友谊，也成就了很多单身男女的美好爱情与幸福婚姻。“雨崩之神农布”就曾经被5对团友邀请去参加婚礼，他们都是参加“童话雨崩单身俱乐部”后成功恋爱结婚的。

做高级产品的根本是“发明顾客”，“童话雨崩单身俱乐部”是洛洛在丽江所做的最有意义的创举，给旅游行业产品开发带来了新的思路，“童话雨崩单身俱乐部”也是洛洛贡献给阿拉丁旅游公司的非凡成就。

“小学本科”的超级导游——杨三哥

导游杨三哥在杂志封面上的形象

每次杨三哥带团入住酒店，进门的时候，你总能看到他左手右手，各拎一个大箱子，然后来回奔跑，开心地招呼客人，你也总是能听到他干瘦修长的身体里爆发出的爽朗的笑声与客人开心的话语。

2007 年阿拉丁公司一开业，为了品质稳定，长包了几辆 19 座中巴车，有天下午，司机和耀华回团比较早，就请我去他家开的洗脚房洗脚按摩，小妹给我泡脚按摩后，一个 30 岁左右，长得很精神的小伙问我：“要不要修脚？”我说：“修吧。”

小伙翻看了我的脚，对我说：“老板，你的脚很干净，不用修，我看你有点疲惫，是不是工作辛苦，又没休息好？我给你做个伸展，放松一下身体吧？”我说：“好。”于是，小伙使劲给我揉了一通，果真我的身体舒服了好多，我突然想起乔布斯那句话：“最好的产品或服务，是顾客心里想要而又无法表达出来的东西。”于是，我问小伙：“你愿意去我们的公司做导游吗？”小伙很惊讶，害羞地说：“恐怕不行吧，我没文化，只上过小学四年级。”我笑着对他说：“文化不是最重要的，只要你像对待我这样用心服务客人，并且认真学习，接受培训就行。”

小伙一脸诧异：“真的可以吗？没有导游证怎么办？”我说：“只要你通过我的培训，拿出你认真的态度，好好工作，让客人满意就行。我给你发个工作证，你就可以带团了。”

“我叫杨文武，谢谢老板！如果能跟着你去当导游，那简直是太好了！”小伙一脸开心。

第二天，这个“小学本科”——也就是上了 4 年小学的杨文武，就开始接受培训，开始学习如何做“阿拉丁”的导游了。30 岁出头的杨文武，在阿拉丁的导游队伍里年龄最大，所以大家都叫他杨三哥。

杨三哥身上几乎具备一个服务工作者应该有的所有优点，他身材偏瘦，但体力好，他对人主动热情、谦逊自信、真诚好学。进公司的时候，他只认识少部分的汉字，不到 3 个月，他的识字率就已经跟初中毕业生差不多了。

阿拉丁公司培训的内容有以下几方面。

第一，对待顾客要换位思考、将心比心。

第二，对待顾客要像对待亲人与朋友一样。

第三，视顾客如初恋，并为顾客带来初恋般美好的体验。

第四，遇到困难及时求助，用最高效率解决问题。

第五，不偷懒。

第六，要真诚。

第七，突破恐惧，不害怕。

对于我们的核心培训纲领，杨三哥是践行全面而又高分的最佳代表，同是公司导游兼文化课培训老师的扎西后来在总结杨三哥的带团情况后这样说：“再难带的客人，你带不满意的客人，只要到了杨三哥手上，都不会有问题。如果杨三哥带过的客人你接着带，你不用尽吃奶的力气，基本上客人都会到公司投诉你，让你丢人难堪。”杨三哥属于会把客人惯到要时刻依赖他的那一种导游。

有天中午，我去公司，还在爬楼梯，就听到前台有位声音洪亮的阿姨大吵大叫：“明天你们不让杨三哥带我去泸沽湖，我就把公司给你们砸了！把你们老板叫来，我要找老板！”

我马上快步跑了上去，前台的姑娘元婷马上向我介绍，说这是哈尔滨来的阿姨，是我们的老顾客了，然后元婷又向客人介绍，说我就是阿拉丁的沈总。

我给阿姨倒了一杯茶，招呼阿姨坐下，了解了情况。原来阿姨是第四次来丽江了，自从前年第一次来丽江，跟了我们阿拉丁杨三哥的团去过泸沽湖以后，对杨三哥的服务和泸沽湖的风景就有了深厚的感情，后来每次都会带生意上遇到的好姐妹、好伙伴来丽江参加我们的团，并且每次都要杨三哥带她们去泸沽湖。这次与那阿姨同行的 3 位客人，对阿姨来说非常重要。阿姨说：“半个月前，我就预约了杨三哥带团，如果明天不是杨三哥带团，我的面子往哪里搁？”

原来，明天还有一拨 5 个人独立成团去梅里雪山的客人，也指定杨三哥带团，还加了500元的服务费，我们的销售人员没汇报，就给答应了下来。最后，我说这5个客人我亲自去解释，导游我安排，不行我亲自去带，先把500元加给杨三哥的服务费退掉。然后我跟阿姨说：“我一定安排好，明天必须是杨三哥带阿姨你们去泸沽湖，不然不用你出手，我都把这个公司给砸了！”阿姨这才开心地笑起来，连连说：“好，好，好！”

其实，做一个优秀的导游跟做一个优秀的海底捞服务员是差不多的，重要的不是学历，不是考导游证，而是一个人热爱工作的态度，与所在的旅行社，与旅游公司的培训体系和服务宗旨等综合实力密切相关。

风华正茂来丽江寻梦的高中女老师——庞华

2006年底，正值学生们的寒假，一个年龄跟我相当的女生在客栈的院子里喝茶时，忍不住感慨：“丽江真舒服啊！要是能在这儿工作就好了。”我正好听见，就对她说：“这愿望当然可以实现啦。”

女生叫庞华，在内蒙古包头一所高中当计算机老师，我跟她聊了我们来年春天准备创业做旅游公司的想法，并提出打算做一个门户网站，希望她可以加入并做网络部的负责人，工资跟她当高中老师一样多，月薪3000元以上。

“阿拉丁旅游”在2007年3月正式进入筹备阶段，于是庞老师就在2007年辞去了高中老师的工作，正式加入我们，开始筹备网站，我们的域名为www.ly234.com，寓意是20、30、40岁的人最爱旅游，当然，年龄不是问题，但在旅行的路上，一定要有20、30、40岁的年轻心态。

公司5月份开业，第一个月有员工20人左右，网络部占了5人，而网络部的工资却占工资总额的60%，人均3000元还多，而其他人员的平均工资只有1000元。在那个智能手机还不普及，没有微博、微信，信息还不够发达的年代，我们的网站很快就发挥了巨大的作用。每天都有客人通过网络咨询报名参团，我们的网站上除了产品展示，各种玩法、游记分享之外，还有两个非常重要的阵地，那就是贴吧与投诉区。“阿拉丁旅游”是中国第一个强调旅游行程中坚决不购物、不赚回扣的品质旅游公司，由中国旅游界第一名人——邬敬民做品质总监。阿拉丁突出诚信与真实，在顾客面前没有秘密，因此庞老师建议把投诉区放在与贴吧并列的最显眼的位置上，而且网上出现的每一个投诉，都由我们的售后负责人及时处理与回复，并及时公布处理结果。对客人的抱怨与愤怒，甚至谩骂，我们都做到了从不删帖，并且坚决做到专业有效地回复，及时有效地解决。哪怕有恶意的同行在里面捣乱，我们都通过对话方式，让他现出原形，让所有游客都可以浏览到整个处理过程。

很多新顾客正是在我们的网站上看到了我们公司认真诚恳地处理投诉，积极负责的服务态度，才放心交了预付，报团旅游的。

几个月后，投诉区累计了大量内容，变成了我们新员工的入职培训第一课，所有新员工进入公司，在开始实习前，必须看完公司网站投诉区的内容，了解客人投诉的原因与心态，避免再犯同样的错误，新员工也会对公司形成立体的基本的了解。

庞老师从一开始就要求我们公司的网络部自己设计电脑表格登记系统，建立顾客的信息大数据，于是在我们的系统里，只要把顾客名字、身份证号码输入进去，就会显示这位顾客的参团历史记录，以前谁接待过，跟过哪一个司机，跟过哪一个导游带的团都会显示出来。这样所有的老顾客再来，可以尽量安排跟过的司机和跟过的导游带团，这样会让顾客产生亲切感，增加信任感，减少了很多关于公司基础知识的普及，也便于跟顾客更高效率地沟通。

公司开办的第二年，有位参团的不会中文的法国帅哥，遇到了会英语与一点点法语的庞老师，这位法国帅哥后来成功追到了庞老师，二人婚后一起在束河开起了小店，在丽江生活了几年后，一起去了法国。

公司开办的第 4 年，有一天我在公司的茶室喝茶，前台的同事王静跑进来告诉我，说来了一位特殊的北京客人，系统显示这位客人是第 23 次参加我们的团了，我出去看了一下系统，显示这位叫汪霞的客人 4 年来竟然跟我们的团去过 2 次雨崩，4 次香格里拉，4 次茶马古道，6 次泸沽湖。明天是第 7 次跟我们的团去泸沽湖。我亲自接待了这位客人，并做了深入的沟通，这位王姐姐是北京一家房产经纪公司的老板，非常喜欢丽江，每年都约不同的朋友或邀请特殊的顾客来丽江玩，真是活生生地向我们诠释了“旅游这件事，去哪里很重要，跟什么人一起去更重要”。为了对这位参团次数最多的顾客表达敬意，我诚挚地送上了一个银手镯与一饼茶叶。

每个时期，“与时俱进”地利用好时代的新工具，帮助自己取得好的成绩，是我们应该具有的嗅觉，庞老师帮助“阿拉丁旅游”建立的网站系统，让我们 2007 年在丽江横空出世，犹如“阿拉丁神灯”照亮了丽江的旅游界。

性感的康巴汉子——“雨崩之神”农布

农布肖像

农布是梅里雪山下最典型的藏族康巴汉子，坚毅、生猛、勇敢、帅气、自信加臭美。农布是这个时代稀缺的英雄般的存在，是万千女生心中的英雄——“令狐冲”。

农布小学毕业，但刚来公司的时候，还不如“小学本科四年级”的杨三哥识字多。在公司培训了几天后，第一次考试，竟然拿着试卷找我这个监考官，说认不全题目上面的字，我看在这家伙帅气逼人，有6块腹肌魔鬼身材的份上，答应把题目念给他听，由他口述回答，我帮他把答案写上去，就这样，在众人的“鄙视”下，农布勉强过关!

农布经过领队培训、导游培训、前台服务培训，终于可以跟团和带团了，农布带的第三个团是雨崩6日游，有8个团员，其中一个女生回团后，用游客与粉丝的视角，写了一篇图文并茂的长游记《雨崩之神农布》，记录了农布各种帅气逼人的个人形象以及带团服务的全过程，农布因此在丽江户外旅游圈一战封神，成为丽江户外圈的传奇领队，也就此长期霸占了“阿拉丁”领队游记榜一哥的地位。

自此，阿拉丁导游和领队“最受欢迎”的前三风格形成，分别是农布的英雄风格、洛洛的知识风格和杨三哥的服务风格。如果有游客跟过这三个人的团，也算得上是一种极致的幸运了。这三人有共同点，臭美+自信+体质强悍，都是第一次去哈巴雪山就能轻松登顶的牛人。

农布家是典型的藏族传统家庭，农布的哥哥格桑与妹妹次姆都在我们“阿拉丁”做过领队，也都同样表现优秀，总能让客人满意让同事放心。这可能就是他们家族传承的优秀基因吧，不过听哥哥格桑说，农布从小到大都是村里最调皮捣蛋的孩子，来“阿拉丁”之前经常打架，然后家里不断地给被他打伤的人赔钱，所以农布是母亲和父亲们最头疼的孩子。

但农布到了公司，成了“雨崩之神”后，就完全变了，他把自己调皮捣蛋的无穷精力，都用到了学习和带团上来了，还逐渐成了全家最会讲道理的“一家之主”。农布在阿拉丁工作了两年后，有一次，我去农布家，农布的二爸爸一见我，就热情而激动地说，“久仰大名，你是改变了农布的‘活佛’啊！”其实农布的改变主要还在于他自己，当一个混沌之人找到了自己的兴趣，并认真投入到工作中的时候，就会爆发出让人惊奇的力量。

成为“雨崩之神”后的农布，在公司里穿的从来都是名牌的户外服饰和名牌的鞋子，用的从来都是最新款的苹果手机，这些全都是跟团的游客，特别是单身女游客送的，冲着农布的名气报团去雨崩的单身女游客非常多，农布是公司同事们羡慕嫉妒恨的首席对象。

2009 年 10 月黄金周期间，我们阿拉丁组织了 30 多人的游客队伍，从香格里拉徒步穿越去亚丁，队伍分为 A、B 两组，老熊与元虎带 A 组，从香格里拉的尼汝往亚丁走，我跟农布搭档带队，先开车到亚丁，再从亚丁往香格里拉尼汝穿越，两个队伍途中在东义会师。我负责打头，走在最前面安排伙食，农布走在最后面，负责押队“赶鸭子”，农布在后面背着队友们的各种相机帮忙拍照，一路 9 天，农布学会并从此爱上了拍照，逐渐成了优秀的摄影师。

2010 年底，我与农布、乌鸦从丽江开车出发去南宁、桂林玩，从桂林回南宁的时候，农布收到一位深圳客人发来的问候短信，这位深圳客人为农布订了机票，邀请农布去深圳玩几天。于是农布就去了深圳，然后他从深圳回成都办事，准备从成都回丽江的时候，另一位农布带过的客人知道了他的深圳之行，非要农布再次去深圳，这位深圳的乔先生还专门给我打了一个电话，“控诉”农布到深圳不通知他，要求农布再赴深圳，他的理由充分到我们无法拒绝。

乔先生说，他们夫妻二人是 2010 年夏天参加阿拉丁旅行团，跟着农布带的团去的雨崩，从雨崩出来徒步下山，下雨打滑，他们两口子摔了一跤，乔先生的老婆脚崴了走不了路，天又晚了，没有马可以骑，当两口子一筹莫展时是彪悍的农布把乔先生的老婆背下山的。下山后，乔先生的老婆抱怨连天，说农布多好，哪像乔先生那么瘦弱，120 斤的老公怎么可能背得动 150 斤的老婆，要是没有农布，自己就真的要困在山上了。乔先生听了颇为郁闷，也颇为吃醋，无处发泄，便骂了农布一顿，把老婆对他的抱怨与轻蔑，都发到了农布身上。然而农布却没有计较，依然艰辛而坦然地完成了作为最优秀的阿拉丁领队“雨崩之神”所应该完成的所有工作，让乔先生两口子与全队团友都无比佩服。当天晚上，乔先生两口子在房间心平气和地聊了很久。次日，乔先生非常真诚地向农布道歉，接下来的旅程中，乔先生夫妻和农布成了要好的朋友。于是乔先生夫妻跟农布约定，旅游旺季结束的时候，农布要接受他们的邀请，到深圳玩一趟，如果农布自己来深圳，一定要第一个通知乔先生，由乔先生负责农布人生第一次深圳之旅的所有费用，而且乔先生一定要做农布第一次深圳之行的接风之人，农布答应乔先生，如果到深圳，一定告诉他，下飞机第一个见到的人肯定就是乔先生。所以此次，农布没有遵守自己和乔先生夫妻的美好约定，去了深圳几天，直到离开时乔先生夫妻还不知道。乔先生不能接受农布的失约，所以他邀请农布马上从成都飞到深圳，再玩一趟，还要替农布支付此次旅行给阿拉丁公司造成的“误工费”。乔先生要求我代表公司必须接受他的要求。我备受感动，向乔先生表示了歉意与谢意，并支持农布再去深圳玩了一趟。让顾客获得旅行中意外的美好，正是我们做阿拉丁旅游最大的动力与意义。

2011 年 5 月底，公司接待了一个大团队，去西藏环游 20 天，由我亲自带队，一共 9 辆车，农布是 5 号车司机，他开着才买的 6 成新的二手普拉多跟我们一起出发了。遇到路况较好的路段，我们会让客人们轮流开车，体验自驾的感觉。农布爱惜自己的车，看着二手普拉多被团员们开得横冲直撞，心疼得龇牙咧嘴。于是爱玛电动车的老板张哥就训斥他：“你这个破车就让张哥我顺手玩一玩嘛，你别心疼，完了哥买一辆新车送给你。”晚上，农布就悄悄来问我：“张哥的话会不会是真的？”我笑着对他说：“张哥是大老板，出得起 1000 万代言费找周杰伦代言做广告，几十万的事，肯定会兑现的。”

团队结束半个月后，爱玛的张哥又带着朋友来丽江玩，找农布陪同，走之前，酒桌上，张哥跟农布要了银行账号，并借着酒劲对农布说：“农布兄弟，你如果离开你们的老板沈三跟我混，我给你 100 万，你继续跟着沈三混，我给你 50 万。”农布认真地告诉张哥，他暂时不会离开阿拉丁，不会离开沈三。张哥回去后，给农布的银行卡打了 50 万，兑现了送农布一辆新车的承诺。

2011 年秋，我们的“童话雨崩单身俱乐部”成立不久，来了一位深圳大哥，找农布带他们去西藏，这位深圳大哥公司的助理参加过农布带队的雨崩团，极力推荐农布。深圳大哥说，为了这次西藏之行，他已经规划了 3 年，特意买了一辆适合越野而且舒适的雷克萨斯 570，带着老婆与司机一起来了。我对他说农布最近工作安排比较忙。大哥的老婆一听，马上从包里拿出两万块钱递给我，说：“老板，这是给你们公司的，农布带我们去西藏的服务费我们再单独付。”这位深圳大哥以及他的老婆对农布及我们公司的尊重与诚意让我无法推托，于是农布后来就带着深圳大哥一行人在西藏旅行了 20 多天，并一路把他们送回了深圳。

2012 年 5 月 1 日，和彩武大哥交给我一个艰巨的任务，说有一批女企业家自驾来丽江，要去雨崩加亚丁玩 10 天左右，和大哥要求我亲自带队，确保这个团队的安全，提供最好的服务，我就叫上了最佳搭档农布，一路去雨崩、理塘、亚丁，经历了很多艰苦，但快乐无比，担心高原反应的客人们在农布的带领下，发明了新的金句——“农布带领的团队从来都不知道高原反应四个字怎么写！”

团队结束前，团员里的昆明单身女企业家叶子对农布心生爱慕，我们在聊越野车的时候，叶子问农布最喜欢什么车，农布说去年开着一位深圳大哥的雷克萨斯 570 去西藏，那是他开过的最好的，同时也觉得最酷的车。半个月后，叶子给农布打电话，叶子在电话里说：“农布，我给你买张机票，你来昆明开你的雷克萨斯 570，我送你的礼物。”农布被叶子与雷克萨斯俘虏，我们的浪子英雄“雨崩之神农布”就此被执着的叶子“拿下”。

2020 年 6 月，我在香格里拉遇到农布，他略微胖了一些，我让他马上减肥，恢复到 10 年前的魔鬼身材，他说反正疫情下没什么事可做，不如我们一起从梅里雪山徒步去拉萨，既可以减肥，又可以体验苦行，一举两得，我笑着对他说：“徒步太俗，不符合你‘雨崩之神’的气质，还是骑马比较酷。”农布说：“只要三哥你去，不管骑马还是徒步，我都去。”我们说走就走，筹备了 5 天，“丽江石榴哥”赞助了 1.8 万元，我们买了 3 匹马，加上农布的表哥龚秋，3 个人 3 匹马完成了 36 天从梅里雪山骑马到拉萨的壮举。

人生的有趣往往来自对未知命运的大胆探索，农布从山里稀里糊涂来到丽江，从一个放牛的孩子变成了最酷的户外旅游领队，着实让他自己与他的家人都意想不到。老熊对农布的最高赞美就是：雨崩之神农布——“神之所以是神，是因为他做了人做不到的事”。

让我的人生充满光亮的“郭公公”

有的人像你迷失在黑暗里隐约能见的一束光，总是能够帮助你鼓足勇气走出黑暗，哪怕未来也是莫测的黑暗。在近 20 年里，我的人生就有这样一道光，它就是“郭公公”。

2002 年，我刚到新城福慧市场开“川耗子饭馆”，歌手木木就带“郭公公”过来吃饭，并介绍“郭公公”和我认识。认识的第一天晚上，我就去古城“郭公公”的客栈里玩，“郭公公”还送了我一个硕大的见面礼——一只非常稀罕的海洋一级保护动物“鹦鹉螺”，“郭公公”说我俩一见如故，一定要一辈子做朋友。

“郭公公”比我大一二十岁，是一位退役的海军军官，热爱旅行与武术，有正义感，好打抱不平，在丽江边开客栈，大部分时间带不同的客人越野穿行在西藏和新疆西部。在我 2002 年到 2004 年开川耗子饭馆期间，“郭公公”每次回到丽江，都会提前给我打电话订餐，他总是只告诉我人数，然后让我自行安排拿手好菜。每次他都带不同的朋友或客人来，让我开心也让我感动的是，每次付钱，“郭公公”总要求我不要打折，而且人家是抹零，他却总会多付一些凑整，比如 200 多元他就一定要付 300 元，500 多元他就一定要付 600 元，还说这种特殊的付钱方式是他跟我的规矩，不能改。每次接到“郭公公”的订餐电话，我都非常开心，不仅可以发挥厨艺，还能跟着“郭公公”认识新朋友，分享与传递彼此的快乐！

“郭公公”还买了一辆 11 座的金杯车，跑团挣的车费都资助了山区的贫困学生，自己还倒贴司机的工资，他的金杯车也经常帮我带客人去香格里拉和梅里雪山。

几年后，我做起了“阿拉丁”，2009 年的一天晚上，许久不见的“郭公公”给我打来电话，一晃两三年未见，我很激动，请他到我们公司二楼茶室喝茶。“郭公公”还带了两个朋友，一位是摄影大师张老师，另一位是美女飞飞。

很久不见，特别高兴，公公开门见山说：“沈三你刚接手的云居客栈，前老板成都姑娘陈颖收了飞飞一间房半年的房费，这才过去 3 个月，还有 3 个月。知道你转让费付完了，飞飞也是昨天才知道你是新老板，她联系不上陈颖，陈颖肯定没交代你房间的事。飞飞担心你把她赶走，就找到了我，想请认识你沈三的人给打个招呼。这不，我就带着她来找你了。”

我一听就笑了，对飞飞说：“你是‘郭公公’的朋友，就不用担心房费，以后你一直住就是了，客栈只要是我开，就不再收你的房费，‘郭公公’是我的好大哥，我理应如此。”公公听后，对我一笑，得了，也算我俩心有灵犀，我替他帮飞飞姑娘个忙吧。

前几年，我遇到巨大挫折，离开丽江到湖南，“郭公公”还给我发信息，说对我一直很关心，让我有什么困难一定告诉他，还说要是我去广东、海南，一定要告诉他，他在那儿有很多资源，一定能帮上我。

2021 年年初，我又在丽江开了饭店，很多昔日朋友知道我境遇不如从前，都对我敬而远之，“郭公公”知道后，继续像 18 年前我开“川耗子”饭馆一样，热情频繁地请不同的朋友到我的饭店吃饭，继续照顾我的生意，不断支持我，给我鼓励给我力量。

虽然这一次，我的饭馆在残酷的疫情下，不到半年就关掉了，但“郭公公”在我心里种下的这束光，长了根，发了芽，一直都在成长，一直都在我前进的路途中，给予我无形的力量，让我拥有了走出黑暗的勇气，哪怕前方依旧是变幻莫测的未来，这份勇气也绝不会丢失。

像风一样行走的小邓姐

小邓姐在哈巴雪山

小邓姐名字叫邓玮，是1983年出生的湖北女生，2004年，我的朋友老张把木瓜客栈转出去后，在忠义市场旁边开饭店，我去帮了一段时间的忙，其间，老张总抱怨硕大的饭店找不到一个像样的能干的前厅经理，我对他说，外面不是有一个非常精神、走路带风、普通话超好的小姑娘吗？当时我说的就是邓玮。

那时候小邓姐刚满20岁，大学上到一半就辍学跑到丽江来了，自从在老张的饭店认识后，我们就成了工作上的最佳拍档。小邓姐精力充沛、从不抱怨，总是能想出办法来解决问题，永不退缩、聪明伶俐，说实话，这么多年，我也就遇到她这么一个如此能干的女生。她小小的精干的身躯里，总有一种强大的气场，她永远是“姐”，能量强悍，“保镖”一样，给我带来强大的安全感，所以我一直叫她“小邓姐”。小邓姐超级自律，她练瑜伽、跑步、登山，保持最好的身体状态。小邓姐还是丽江古城里我遇到的唯一一个平时走路比我还快的人。

前几年我说要出一本书，名字叫《我在丽江遇到的99个女人》，列了一个主人公的名单，结果发现这些故事的女主角，小邓姐认识近一半，有好几位还是先认识小邓姐，我又通过小邓姐认识的，以至于那本书我写到第10个故事的时候就找不到动力，无法写下去，最终放弃了。

小邓姐如我的战友，她是我的妹妹、妈妈与初恋的复杂合成体，是我幸运的人生里不是亲人胜过亲人的存在。

2005年做“马锅头”的时候，在官房酒店工作的小邓姐在我不断的鼓动下加入了进来，她立即得到了马锅头两个老板和自军先生与杨琛大哥的高度认可，成为我们马锅头不可或缺的中坚力量。小邓姐虽然是大学“辍学生”，但普通话标准、没有口音，可以跟老外用英语无障碍交流，如果要给小邓姐的双语能力打分，总分10分的话，那绝对可以打到7.9分。

2007年我们组建“阿拉丁旅游公司”，小邓姐一直都没能如我所愿加入阿拉丁，因此我缺少了一股力量。她对“马锅头”的人，在情感上难以割舍；而“马锅头”不温不火的业务，也让小邓姐深陷其中，无法大施拳脚。终于，在2009年初，在我们长久的期盼与孜孜不倦的游说下，小邓姐终于做出决定，加入了阿拉丁。当时，我们阿拉丁的业绩已经有一年左右的持续稳定，没有明显的上升态势，遇到了不算明显的增长瓶颈，小邓姐在阿拉丁磨合了一小段时间后，任职销售总监，接下了带领公司团队突破销售业绩的重任，也就是在这个时候，我们“阿拉丁”2 周年大型活动“环游西部 60 天”开始了。

在我们环游西部 60 天进行到快 40 天的时候，团队到达新疆，网络的极大曝光与广泛宣传让我们丽江的游客量暴增，员工与储备资源明显跟不上了，在这种情况下，后勤部门每天都希望少接点客人，但小邓姐每天都带领销售部门的同事非常兴奋地去客栈“攻城略地”，顶住了各种压力，开启了“疯狂销售接人”的快进模式，而且每天都是先尽量把客人接下来，然后再来解决问题，反正 6 月份不是旅游旺季，不可能缺车辆、缺房间，只是缺人手而已，我们可以快速招人快速培训上岗。

暴增的业绩所带来的压力，直接反馈到当时正在新疆“环游西部”的我这里，我同时接到了计调主管、导游主管和我的助理加售后负责人的电话，他们说如果我现在不果断下令把“利欲熏心的”邓玮开除了，以她这样疯狂地放开销售接客进来的态势，我们公司的各种储备根本就支撑不了，售后的投诉现在已经特别多了，照这样下去，等我走完了环游西部 60 天的线路，公司也就肯定倒闭了。我没着急，只问了助理两个问题，第一，公司现在每天的营业收入是多少？助理说 6—7 万元。我又问，公司现在账上有多少钱？助理说有 100 多万元。我就对他说，那就忙起来吧，多发工资多招人干活，客人不满意就赔钱，有客人就拼命接，公司肯定倒闭不了，应该是我们公司要发财了。

环游西部 60 天结束，回到丽江，公司每天营业收入已经达到了 10 万元左右,2008 年，公司营业收入全年累计 800 多万元，到 2009 年 5 月，公司收入开始暴涨，2009 年全年的营业收入惊人，达到了 3000 多万元。员工也从 2008 年的 40 人左右增加到 100 多人。

2011 年，我们带近 30 个客人环游西藏的时候，小邓姐与藏族同事耿品和我搭档开后勤 9 号车，我们的 9 号车可以在队伍里自由穿行。每次出发，上午、下午的前半段，我们的后勤保障车一般都走在最后，我和取品就陪小邓姐练车，取品与我教小邓姐看到弯道先减速进弯，稳定后再加速。但小邓姐总是一见到弯道就加速进弯，然后急踩刹车，还说这样的操作比较有越野感，于是我们笑着说小邓姐一路上确实在柏油路上把“陆地巡洋舰”开出了越野的感觉，让坐在车上的开车一向非常稳重的司机取品一路都紧张不已。后来我们的专职司机取品，20多天来就一直在坐车，基本上没有开过车，以至于他一路感叹：“坐车比开车实在辛苦多了，我要抗议！”我们花了20多天，从丽江出发到西藏，到珠峰，在西藏措勤县还遇到了6月中旬的大暴雪，后来再从青海到了兰州、九寨沟，到四姑娘山后开回丽江，一路行程10000多公里。最后回到香格里拉，取品说他一路坐车，大部分时候都处于高度紧张状态，回到熟悉的香格里拉，才算是踏实了。

小邓姐在丽江的前几年总是丢手机，从2004年到2009年累计丢了17个手机。有一次，我们几个同事从古城口一起步行去花马街吃饭，出门的时候小邓姐还在边走边接电话，到了饭店坐下来点完菜，就发现手机又丢了，真是专业丢手机的高手，丢到让所有人都觉得匪夷所思。有一次，小邓姐与我儿子他妈一起约了几个小伙伴去非洲旅行，小邓姐攒了一个季度的工资，花2万块买了一个单反相机，从丽江出发，一路上把宝贝相机挂在脖子上，到昆明机场转机去北京，结果上了飞机，猛然发现一直挂在脖子上的相机不见了，习惯性丢手机直接升级到丢相机了，搞得大家都跟她一起心疼了好一阵子。后来小邓姐开始用苹果手机，情况似乎就好转起来，这10年来好像没有再丢过手机了。

在工作中，遇到小邓姐这样的同事与伙伴，是一种快乐与幸运，让我们可以因为工作的本身而获得无比的幸福。

把阿拉丁导游投诉到人间蒸发的“晴雨娃娃”

2009年7月底，我们阿拉丁旅游公司的网站投诉区出现了一篇名为《刘必刚我要投诉你》长长的教科书般的投诉帖。帖子首先写主人公参加了我们的梅里雪山4日游，领队扎西丹都带团，大家都很满意，于是主人公信任了阿拉丁，抱着这份信任，继续参加了泸沽湖2日游。没想到却遇到了一个偷懒、不懂装懂的导游刘必刚，文中还列举了泸沽湖2日游过程中导游刘必刚的“5大罪状”，作者的落款为“晴雨娃娃”。

导游刘必刚来公司不久，之前就因为带团表现不佳被投诉过，人事部约谈过他，本想辞退他，但在他的“认真反省”下，又做出了留职观察的决定。这个投诉帖发出来后，简直就把刘必刚“扒光”了，以至于刘必刚根本不敢再出现在公司里，离职手续也不办，电话也不接，工资也不要，押金也不来退，直接人间蒸发了。

这篇投诉帖就成了我们公司教科书式的反面教材价值巨大。我在投诉帖下面做了道歉及回复，同时迫不及待地表示出了对作者的欣赏与感激。

接下来，我与这位作者进行了电话沟通，作者晴雨是石家庄市联通公司客服中心的工作人员。热心的晴雨娃娃拒绝了我的赔偿与奖励，并给了我一些工作上的非常清晰的建议。于是我问她：“你的工作开心吗？你能不能加入我们阿拉丁旅游，来做我们的投诉及售后中心的负责人？待遇及条件你都可以提。”3个月后，晴雨正式加入我们团队。

雷厉风行的晴雨一来就建设了更加完善的服务及投诉流程。

第一，我们既然品质是纯玩、不购物团，在跟客人签跟团合同的同时，也要让客人签下一份“不购物承诺书”。

不购物承诺书（模板）

我承诺参加阿拉丁旅游公司的不购物旅行团，严格履行行程中不购物的约定。若在跟团过程中需购买超过 300 元以上的物品，需先致电 139888811××，得到确定的答复后方可购物，否则发生的购物消费属于个人行为，与阿拉丁旅游公司及工作人员无关。

承诺人（签字）：

第二，每天早上，在出团后，给每一位客人发一条短信。

亲爱的朋友：欢迎参加阿拉丁品质旅游，您在行程中若有任何不满意，或者有任何需要帮助的地方，请马上跟随团领队 / 导游 / 司机沟通解决。若沟通后不能得到及时解决，请及时致电阿拉丁品质总监 139888811××，也可致电阿拉丁总经理 1398888××××。我们将在第一时间为您解决问题。

第三，每个团回团后，对客人进行“意见单”签署流程，确保客人行程中遇到的不满意的问题可以及时暴露出来，而不是带着问题，不开心地离开丽江。

第四，结束团队第十天，随机对 1% 的客人进行电话满意度调查。

第五，遇到需要赔钱的事件，只要没有超过团款总额，可以不向经理汇报，先行赔付。

晴雨在公司工作的第一年，通过对售后服务的深度挖掘与更彻底的追踪，顾客变得更愿意向我们袒露心声、提出意见，一年里，晴雨经手的总投诉赔款达20多万元，然而公司的营业收入也增长到4000多万元，迈上了一个新高度。外联销售人员与合作的客栈老板都可以直接向顾客承诺，参加我们阿拉丁旅游团，一定会让您满意，不满意我们直接赔钱给您，只要找到晴雨，说出理由，一定赔！

最离谱的一次赔款，源于我们的工作人员没有严格按照规定流程执行工作任务，连续发生了重大失误。那是2010年的一天，梅里4日游团的2辆车同时出发，那段时间214国道德钦段封闭式修路，我们的车需要绕行更远的山路。两辆车两个领队同时出发，其中一个司机和一个领队是走过那条山路的，熟悉道路，而另一个司机没有去过，还新上了一个第一次跟团去梅里的实习生。按照流程安排，应该是熟悉道路的老司机带实习领队，熟悉道路的老领队带新司机，结果上车的时候，老领队由于跟老司机更熟，就让跟团的实习领队上了新司机的车。到了下午，走到最后的金沙江桥分路口时，新领队与新司机走在了后面，看不到前车，于是新司机刻意地问了一下新领队，应该走哪条路？我们的实习新领队管成辉指了一条错误的路。这个区域，过了金沙江开始爬山，中间近100公里山路没有信号。走出10多公里后，新司机问新领队，是不是走错路了？新领队管成辉竟然鬼使神差地撒了谎，说没有错，告诉司机他以前走过。更要命的是新领队撒完这个谎，又继续撒了几次谎，导致6个小时后，半夜1点钟，这辆车才终于开到了山里一个有信号有人家的地方，一打听，才知道我们的车已经偏离了路线太久，离目的地梅里雪山飞来寺竟然有300多公里的路程。

于是团队只得集体在老乡家借宿了一晚，第二天又往回走。由于耽误了时间，根本去不了梅里雪山了，4天的行程，因为走错路，耽误了最关键的2天。发生了这种百年都遇不到的荒唐之事，团队回来后就炸开了锅，平时生龙活虎的管成辉变成了落汤鸡一样木讷的“傻子”。我恨不得暴打他一顿，愤怒不已，全部客人都情绪激动，我尴尬到无比羞愧，恨找个地缝可以让我钻进去。晴雨安抚了激动而愤怒的客人，诚恳地赔钱，除了赔钱，其他任何做法都只会让我们更加尴尬更加无地自容。这个团里有 8 个客人，收的团费加客人自费的费用，每人是 1280 元。我们不但退了客人的团费，还给客人进行了双倍的赔偿，一共是 20480 元。为了体现我们对客人的尊重与真诚，所有客人来丽江的往返机票，我们按每个人的实际金额报销一半。算下来，整个团总共赔了 43000 多元。

在我们阿拉丁旅游有培训、有好的执行流程的前提下，还发生了“管成辉事件”，确实给我们带来了不小的震撼与打击。“管成辉事件”后，管成辉如灰飞烟灭般走掉了，但这件事对我们阿拉丁旅游公司造成的困惑却非常严重，甚至演变成莫名的管理恐惧。一个月后，主管会议上，在重申和强调严格执行流程时，此事又被提起，我们的人事主管邢珏甚至说：“这个个案我们已经接受了充分的足够的教训，但不能因此而恐慌或恐惧，管成辉可能是嫉妒我们的同行派来的卧底吧。”而晴雨则站在顾客立场，总结了售后工作的第一准则：“面对顾客的不满，不建立在友好态度、立马赔钱的基础上的一切真诚与形式，都是不要脸的行为。”

后来我们不断地累积经验、分析案例。为什么有时候我们没有做错什么，也要听顾客的牢骚与抱怨，并向顾客道歉或表示歉意？为什么我们要深度挖掘自己的错误或失误，向顾客赔钱？因为我们要把顾客当亲人和朋友，因为我们视顾客如初恋，因为我们非常在乎每一位顾客。

在乎每一位顾客——成为我们公司服务顾客的又一个“座右铭”。

从背夫到优秀领队——旺加

旺加在苍茫的天空下

旺加是 2011 年 5 月，我带团环游西藏大北线，在冈仁波齐转山时团队请的藏族背夫。那天下午，客栈老板本来介绍了一个既强壮又有经验的藏族小伙，结果晚饭后，那小伙找到我，说明天有事去不了了，还带来一个瘦小单薄的小伙顶班，顶班的小伙就是云旦旺加，当时旺加还没有转过山，之前在山腰的寺庙盖了几个月的房子。

旺加非常与众不同，他的大眼睛如儿童般清澈，他身躯瘦小，目光真诚。当时我是有点担心的，怕他不能承担背夫的工作，然而他对我露出了诚挚的笑容，说：“老板，你放心吧，我一定能把你们带好，让你们满意，如果不满意你可以不付钱。”这让我着实无法拒绝。

我们的冈仁波齐转山团队加上我跟旺加，一共有 7 个人，出发地海拔 4600 米，徒步出发 3 小时后，地形明显开始爬升，体重 205 斤、身高 1 米 75 的胖子董伟开始掉队，董伟还告诉我，他有点高原反应，呼吸不畅，他说自己可能无法完成转山的旅程了，想要原路返回。我问他想不想挑战一下自我，如果他想要完成转山，我一定想办法帮他，他说想。于是我就让旺加带其他 4 位队员——三女一男先走，我在后面陪着董伟，鼓励他继续前进。冈仁波齐转山徒步的前半段是 15 公里的上坡路，一直上坡，最高处的垭口海拔 5650 米。我带着胖子董伟龟速爬行，艰难地行至离 5650 垭口最后 2 公里，海拔 5300 米的时候，董伟已经只顾得上喘气，脚步基本挪不开了，我改变战术，自己往上走一小段，再等董伟走上来，然后我再走一小段，再等他走上来，就这样一小段一小段地向上挪动。

走到一个休息平台的时候，天气开始由晴转阴，明显降温，变得很冷。我吃了点东西喝了点水，等了好几分钟，也不见董伟上来，于是站起来向下仔细看，寻找董伟。却看见一个比旺加更瘦小的稚嫩的藏族小伙快步向我走来，他以“小邓姐快步逛丽江古城的速度”走到我面前，然后坐下来，掏出屁兜里的可口可乐，喝下仅剩的两口。我立即本能地递过去一瓶水，还把牛肉干和零食递给了小伙。开口跟小伙交流，却发现他几乎听不懂汉语。小伙几口吃完，起身就要继续走，并拿起我的背包，示意我一起走，他帮我背包，旁边还走上来一位 60 来岁的藏族大爷，也听不懂汉语。我立即拉住小伙，想尽办法手舞足蹈地向小伙表示，他刚才上来的时候一定遇见并超过了一个大胖子，那个是我的同伴，走不动了，我非常需要他的帮助。小伙最后基本听懂了我的意思，点头表示同意，我判断小伙应该跟旺加一样，是在山腰干活的工人，暂时停工而已。小伙点头同意帮忙后，我马上掏出 200 块钱塞到他手里，他会意地点点头，羞涩地把钱放进了上衣带拉链的口袋里，转身往回走，我心里这才算踏实下来。

又等了 10 多分钟，董伟终于上来了，我给他喝了一杯热水，然后告诉他我们得赶紧赶路，不然天黑后被困在这高海拔的荒山上下不了山，就很危险了。接下来，小伙走在董伟身后，平缓的道路上用手推着董伟前进，陡峭的道路上用身体顶着董伟前进，我则直接把自己的皮带卸下来，套进董伟的皮带里，在前面拉着他前进，最后一公里上坡路，地面上还有一些未融化的冰雪，这增加了我们前进的难度，幸亏小伙力量如牦牛，我们才在下午 5 点左右，走上了垭口，渡过了最大的难关，可以一路往下走了。

董伟显然已经没了力气，幸而下山的道路海拔不断降低，他不会因为缺氧而呼吸困难，即便再难，也可以算是胜利在握了。下山的头 2 公里，路上还有雪，董伟不顾形象，坐在或者蹲在冰雪上，由藏族小伙拉着或推着往下挪动。走过冰雪路段后，是坡度 30 度到 50 度的石头陡坡，俯视即可看到山谷草地上的几顶放牧的帐篷，而令我无比兴奋的是——我看到了帐篷旁边有马，有马啊！

我跟小伙与董伟交代了一下，我先到下面的帐篷里去准备吃的，再去给董伟准备一匹马，让小伙搀扶董伟慢慢下山。从发现帐篷的地方到帐篷有大约 1 公里的陡坡，落差约 500 米，我一路快步下山，用了 10 分钟左右，就走进了第二顶帐篷，里面有个妇女在给小孩做零食。我问那个妇女，门口的马可不可以骑一下，要多少钱？妇女给我比画了一个巴掌，我随即明白她要 500 元。我掏出 500 元给那妇女，告诉她我后面的伙伴需要骑马，我们还需要一些食物。妇女收下钱后，给我倒了一碗酥油茶，我舒服地喝着酥油茶，吃着零食，烤着火。足足等了一个多小时，小伙与董伟才走进帐篷。董伟告诉我，他已经完全没力气了，脚也很痛，不能再走了。我笑着说，接下来的 10 多公里，你可以骑马享受风景了。董伟和小伙喝了热的酥油茶，吃了妇女给我们煎的几个青稞粑粑后，我们就又抓紧赶路了，我知道，至少还要走 3 个小时，才能走到今晚的目的地祖楚寺。妇女告诉我，要等天黑前她老公回来，才能牵马带董伟走，我可以把董伟留下来，跟小伙先走，她老公回来后，牵着马，拿手电带董伟骑马到祖楚寺去找我们。

安顿好董伟，我觉得无比轻松，和小伙一起愉快地上路了，走出 1 小时左右，遇到了快速跑回来接应我们的旺加，当时已经接近黄昏，旺加很担心我和胖子，所以把团队带到今晚的目的地祖楚寺安顿好后，就快速跑回来接我们。我告诉旺加我遇到了这个小伙，他帮了我们很大的忙，也跟旺加交代，董伟后面会跟上来，他有马骑。至此，我们算是取得了今天的胜利，三人继续在即将到来的黑夜里赶路。

旺加的汉语交流没任何问题，我们一路边走边愉快地聊天，旺加还做了我和那小伙的翻译。旺加跟小伙很熟，他们都是从日喀则到这儿来干活的伙伴，小伙叫贡布，才 17 岁。

我们三人都走得比较快，我们打了两个小手电，在晚上 10 点多，终于到达当晚的住宿地祖楚寺，其他 4 位队员都吃过晚饭，边烤火边等我们，给他们分享完带着董伟在后面的各种辛苦状况后，大家就都去睡觉了，我与旺加在旅馆大厅边烤火边打盹儿，等着董伟。晚上 12 点半，董伟终于到了，马夫用藏语向旺加抱怨，说他太重了，马受不了，才这么晚到，否则至少能早到半小时。

第二天剩下的行程只有 10 公里，路况非常平缓，已经完全没有了难度，董伟虽然脚痛，但行走起来还是基本保持了节奏，跟上了队伍，旺加与小伙把所有队员的大小包包全部背在了自己身上。我还向团里两位广州姑娘猪猪与周迅询问旺加昨天的表现，她们都给予了极高的评价。我说，把旺加带回到丽江去做雨崩徒步团的领队如何？她俩觉得绝对没问题，体力好，有服务意识，稍加培训与训练，一定会是一个优秀的户外领队。

猪猪与周迅都是我们阿拉丁的老顾客了，对我们阿拉丁领队的工作方式已经非常了解，在路上，就跟旺加聊起我们想把他带去丽江做户外领队的想法，旺加在这里干活，盖房子、做木匠，一天工钱100元，一年平均能干200多天。当背夫带游客转山也才挣120元/天，去丽江做我们阿拉丁的领队，收入平均一个月2000元以上，一年3万以上，肯定超过他目前的收入状况。旺加表示愿意，并热情地开始憧憬，接下来，就是说服旺加的哥哥，得到他哥哥的同意才行。

晚上，我们请旺加的哥哥吃饭，我简单地介绍了旺加去丽江阿拉丁旅游公司工作的基本工资和工作情况后，周迅与猪猪作为说客，很快就说服了旺加的哥哥。晚上，旺加回去收拾了东西，第二天早上就跟着我们的团队上路了，接下来旺加跟我们走了10多天，一路玩回了丽江。

我开的是1号车，是司机兼领队，董伟坐副驾，猪猪与周迅坐后排，周迅与猪猪一定要拉着旺加坐我的1号车。2号车是广西南宁的“孤鹰夫妇”与深圳的韩医生，以及在新西兰工作回国度假的美女鸿雁。3号车是我的好朋友兼司机海龙，客人只有两位，是昆明的李丹与广东佛山的陈哥，陈哥与李丹是新婚夫妻，这次西藏之旅是他们的蜜月旅行。之所以选择跟我们的团队走这么特殊的蜜月旅行路线，是因为这对他们来说有特殊的含义。

李丹是我们阿拉丁创立几年来参加户外团次数最多的女顾客之一，2010年11月，参加了我们的雨崩6日游，当时陈哥与他的两位佛山男性朋友也参加了李丹那个团，在团里的6天，李丹与陈哥还只是相互有个不错印象的一般团友，并没有交集。

2010年12月，陈哥因为工作到昆明出差，离开前一天，他下午3点就完成了工作，接下来就只有等第二天中午昆明回广州的飞机了，他无所事事，想起参加阿拉丁雨崩团时，有个单身美女李丹是昆明的，印象还好，就打电话到了我们公司，报上自己的名字与参团时间，让我们的工作人员调出了李丹的电话，随即打给李丹，约她在昆明吃晚饭。就这样，两人在单独相处中，产生了爱慕之情，后来谈起恋爱，并于次年，也就是2011年4月结婚。

阿拉丁带给李丹很多旅行中的快乐，还带给她一个老公，李丹觉得她们的蜜月旅行就应该继续跟阿拉丁去旅行，于是看到我们的网站上发布了“2011年5月1日丽江出发纵横西藏大北线23天——沈疯子带队”的通知后，李丹和陈哥毅然报名参加了这次对于他俩，甚至对于阿拉丁都有特殊意义的西藏“蜜月旅行”。

一年后，2012年4月份，我去佛山订购餐厅家具，李丹夫妻在佛山盛情款待了我，还带上了他们5个月大的小宝宝。李丹说，小宝宝是7个月就出生的早产儿。我一算，问他们：“这个小宝贝也应该算是我们阿拉丁的团员吧？一起去过西藏啊！”这对夫妻笑了，说我们行程到冈仁波齐的前一天，在玛旁雍错的时候，李丹发觉自己应该是怀孕了，夫妻俩才临时放弃了去冈仁波齐徒步转山的行程。怪不得当时我还纳闷，李丹夫妻这么年轻，身体“强悍”，205斤的董伟都敢去转山，他俩怎么就放弃了呢？

接着说我们转山之后回丽江的那10多天。在阿里狮泉河到革吉的路上，草原上成群奔跑的藏野驴不断进入我们的眼帘，为了录视频，我们竟然有两辆车在一天内爆了三个轮胎。值得一提的是，旺加是换轮胎的能手，每次都迅速换好轮胎，以便我们继续前进。正是因为有了旺加的加入，每次跟西藏当地人打交道，我们都非常省心。

从盐湖出发路过塔拉不措的时候，我们 1 号、2 号车在大路上随意地停了一下车，就继续往前走，爬过一个小山头到达下一个镇，在饭馆点菜时，给 3 号车的海龙与李丹打电话，对方电话没有信号。半个小时后，菜做好了，接到了海龙的电话，原来 3 号车的 4 个轮胎同时陷到湖边草甸沼泽里，急需我们找人带工具去挖出来。还是旺加有经验，从藏民家借了锄头、铲子还有好多木板，我们抓紧吃了午饭，开上 1、2 号车，还雇了一辆农用车拉上工具与木板，开了回去。到 2 号车陷车的塔拉不措湖边的时候，才发现我们的几把锄头铲子，外加 20 多块木板，勉强够用。在 4500 米以上的高原干活实在太累，我们几人干了一轮，挖了 10 多分钟，才挖了不到一个轮子的三分之一，就累得不行了。看到几百米外公路上有 4 个道班工人，我跟旺加商量，一起去请他们来帮忙。我和旺加和那几个工人聊了聊，我主动问要多少工钱，带头的说，随意给一点就行，于是我给了他们 200 元，平均一个人 50 元。这几个藏族壮汉在旺加的带领下，花了一个多小时，终于把 3 号车的四个轮子从湿地的稀泥里挖了出来，我们把所有板子都拿来，铺出了一条“上岸”的路，我开车用牵引绳在安全的“岸上”拖拉 3 号车，海龙开着 3 号车，所有人在 3 号车后用力推，我们一鼓作气，终于把车子拉了出来。

一路上，旺加的表现让我非常吃惊，我逐渐看到了一个新的优秀户外领队的诞生。

原来，将 3 号车开到湖边的是陈哥，陈哥很兴奋，他以为开到了“安全的湖边”，当时离水面还有 10 多米他就停了下来，然后 3 个人下车愉快地拍照。10 多分钟后，3 个人准备上车的时候就傻了，4 个轮胎陷进去了 20%，轮胎四周已经明显出水。海龙打火后挂上四驱，推上 1 挡，踩油门，4 个轮子全部打滑转圈，一点都不往前走，此地也没有信号。海龙走到路边询问了修路工人，说前面 20 公里的垭口附近才会有信号。等了近一个小时，海龙搭上了一辆当地的面包车，开到20多公里的山垭口才终于有了信号，海龙才打通了我的电话，叫我回去救援挖车。

再后来，我们到尼玛县，又遇到藏野驴，队伍停车下来拍照的时候，我跟旺加总会追着藏野驴奔跑一段，每次总能测试出我这种“户外高手”与旺加这种“原生态顶级高手”在高原上的差距。旺加在海拔4000多米的草原上奔跑起来很炫很酷，仿佛能把你带向湛蓝的天空，能把你带到自由的云朵之上。

回到拉萨之后，我们团队的行程就结束了，按计划我跟海龙、旺加开着1号车、3号车回丽江，孤鹰夫妇开着他们的2号车从青海方向回广西，其他团友从拉萨飞走。当时旺加对我说：“沈老师，如果你能让猪猪与周迅两位姐姐轮流开车的话，说不定她们能答应跟我们一起去丽江，这样我们在路上就好玩多了。”

这两位有驾照但不太会开车的女生，在途中偶尔开开车，也享受过在西藏自驾的乐趣。从尼玛县城出来不久，有一段满是大坑的土路，周迅开车时总能将车胎精准地命中大坑，连续命中加猛踩油门，然后把我们颠簸得在车里撞头、尖叫，最后我们的三菱帕杰罗左后轮钢板竟然还颠断了一块！

虽然她们开车让我很头疼，但我还是对旺加说：“你去把她们请过来问问呗。”这两位女生接到旺加的邀请，跟我当面确认后，为这个“诱人”的消息兴奋不已，马上退了机票，改变了行程，决定跟我们一起开车回丽江。

从拉萨开始，我就一路坐在副驾座位上，让两位女生轮流开车，一直到香格里拉，我都没有摸过方向盘。

在到318通麦天险前那段最烂的路段上，眼看几十公里烂路就要走完，周迅开着开着车子就熄火了，再也打不着了，跟在后面的海龙上来查看，我们判断是车坏了，几人把车推到路边，坐着海龙的车一起到前面10来公里的地方去找修车的师傅。找到一个小小的修车铺，只有两个师傅，非常忙，我们描述了车子的情况，一个修车师傅说："两三个小时内走不开，你们不是还开着一辆车吗？你们开这辆车过去把车拖过来吧！"哦……刚才我们就应该这么干吗！我们恍然大悟，开回去，挂上牵引绳，准备拖车。没想到海龙上了车，打了一下火，又随便挪动了一下车，车子竟然完全好了！

海龙又仔细询问了一下刚才周迅开车的方式，原来周迅一直挂一挡，偶尔切换二挡和三挡，在低挡位踩着3000转转速的油门，长时间操作不当，才把车子给搞休克了，车子在这里休息了一个小时，也就好了。这让我想起2009年秋天，开车从香格里拉去亚丁的矿山路上，一路爬坡，我也遇到过这种情况，看来是我这个坐在副驾座位上的教练太不合格了。

到了香格里拉，跟我们的其他同事与朋友一起吃饭的时候，我用我3天来的亲身经历感叹："我一路开车去拉萨，没觉得滇藏公路有任何危险，这几天坐车回来，才深刻地体会到了滇藏公路有多危险！"猪猪与周迅意会地笑了，大家也一起开心地笑了，我们的香格里拉伙伴南卡发表感慨说："我就佩服沈疯子的勇敢，他真的是一个疯子。"

到达香格里拉后，我没能回丽江，又跟雨崩之神农布与小邓姐带团去了西藏，把旺加交代给了海龙与阿拉丁的其他同事。

20天后，我回到丽江，旺加已经开始实习带团，并认真地学习起汉字来。旺加在日喀则的乡下上过小学，会认藏文，但完全不认识汉字，翻开一页书，上面有500个汉字的话，他能认识的不超过10个。我在公司给旺加指定了一位老师，那就是于飞。于飞比较喜欢旺加，教得非常好，严格地从汉语拼音教起，还教旺加使用电脑打字。3个月后，一半时间带团，一半时间废寝忘食学习的旺加，识字率竟然跟我差不多了，远超杨三哥与农布，而电脑打字的速度竟然比我还快得多。

旺加以他认真的态度，以高原上爆发出的超强体能，以及超级的敬业精神，很快就成为除农布、洛洛、杨三哥之后的阿拉丁“第四位”超级领队，对游客来说，旺加“无所不能，总能让客人满意，并给客人带来惊喜”。

一年后，有一次，旺加带“童话雨崩单身俱乐部”的7人团去雨崩，进雨崩的路上，遇到一位在厦门工作的年轻的台湾大哥单身旅行，旺加跟他交流后，在征得团员们的同意下，拉台湾大哥进入了我们的团队，回到丽江，团队行程结束当晚，台湾大哥请团友们吃饭，表示了感谢，并问旺加需要付多少服务费。旺加爽快地告诉台湾大哥，不需要费用，因为路上吃饭大家都AA，他已经掏过饭费了，住宿费也是他自己直接付给旅馆的，车费与其他费用由公司支出，已经被其他团友分摊掉了。台湾大哥无比开心，激动地当着所有的团友问旺加：“旺加，你有驾照吗？”旺加说：“没有。”“那你去学一个驾照要多少钱？”旺加立即给我打电话，我告诉旺加，去香格里拉学可能会快一些，需要6000元。听到消息后，台湾大哥现场给了旺加6000块钱，说他出钱，请旺加去学一个驾照，等驾照学成后再给他打电话。旺加学成后，大哥买了一张机票，请旺加去厦门玩一趟，再把他即将换掉的开了6年的三菱越野车送给了旺加，让他从厦门开回丽江，以感谢那几天旺加给他带来的“意外惊喜”。

2014年之后，旺加回到日喀则老家生活，一边照顾家庭，一边开车带游客旅游。2018年9月，我带队环游西部到日喀则，当晚，我专程带着6岁的女儿住到了旺加的家里，旺加与他的哥哥跟他们的老婆已经有了两个女儿，旺加的哥哥去阿里干活，修建寺庙，长期不在家。晚上，旺加的父母与妻子盛情款待了我，我和旺加一起喝酒，他的家人对我把旺加带去丽江表示了感激之情。我6岁的女儿拉妹跟他们家的几头白色的幼年小牛，还有两个小女孩玩得非常开心。我女儿拉妹一直把可爱的白色小牛误认为是小羊，直到第二天早上，才被旺加不太懂汉语的大女儿纠正："这是小牛牛、小牛牛……不是小羊羊。"

有了几年带团的积累，有了几年满意的顾客群，再加上很多顾客转介绍客人，旺加这些年每年都可以独立组队，带团去珠峰北坡转山，不断延续"阿拉丁旅游"童话雨崩的户外精神。

阿拉丁销售冠军——和文智

2010 年 6 月的一天，我走进公司，看到一名面熟的实习员工，心想，他怎么还在实习？

一般来说，一批实习生来到我们公司，会先进行一至两周的培训，之后的两周就会陆续被各部门的主管考核选中后开始上岗。而他是 5 月参加培训的，这都一个多月了，竟还在“无薪打杂”中。

找来前台主管助理询问后得知，实习一个多月来，他没有被任何主管看上并“提货”。究其原因，阿拉丁的销售部与导游部素来崇尚外形与口才并举，而这位男生不仅相貌过于平平，且口才与交际方面也丝毫没显示出什么亮点，于是成了公司历史上首个“无薪打杂”超过一个月的实习生。

我找他来单独谈话。四目相对，更觉得他确实平凡无奇。个子不高，身材粗壮，典型的高原黝黑色皮肤，看起来好像 30 多岁了，满脸写着“实诚”。交谈后得知，他才 20 岁出头，刚中专毕业不久，丽江本地纳西族人，名叫和文智。

和文智告诉我，去年还在上学的时候就知道阿拉丁，非常喜欢阿拉丁积极奔放的工作氛围，希望能在阿拉丁获得一个工作机会。他说到这里，我看到他眼里冒着光。我告诉他，既然没有部门主管接收你，那你想要留在这里工作，就得证明自己有“超凡实力”。

我跟和文智讲，经过 2009 年的高速发展，阿拉丁当前销售情况确实不错，每天平均100多个客人参团，销售额在10万元左右。但我也看到，销售部门的员工基本上等着客人上门接单，业绩就很好了；销售外联部的员工呢，等着客栈老板打电话或让客栈老板直接帮忙销售签单，就能挣到平均3000元以上的销售提成。要知道，丽江古城有客栈800家，跟我们合作有成交的在200家左右，还有500多家的市场空白呢。

我问和文智："能不能去做外联销售？专跑500多家空白市场来测试与证明你的工作能力？"他爽快地答应了。

接受了1个多小时的业务流程培训，当天下午，和文智就正式上岗了。我们约定好，底薪每月500元。当时我们每个旅游线路每位客人平均消费900元，给他定的销售提成为3%。

我没有看错人，和文智的用心与勤奋超乎常人。6月的后半个月结束，他在"空白市场"签单接近100单，销售提成达到了两千多块钱。7月暑期到来，游客量增加，他甚至能整月签单500多单，销售提成1万多元，业绩超过了外联部三名"等客上门"的老员工，成了公司的"新人明星"。

奇迹发生在8月。丽江一年中游客最多的就是8月份，月底统计结果一出，和文智签单数1900多人。其中有一天，去梅里雪山4日游发了五辆35座大巴车，接待了150多人，其中一辆车32个游客全部是和文智销售签单的！

9月份发工资，和文智拿到了8月份的销售提成51000多元。当月收入第二高的销售部主管工资加业绩提成是20000多元，不到和文智的一半。负责发工资的出纳看到和文智一个月收入比她一年的收入还多得多，赞叹又羡慕地称和文智为"和老板"。从此，阿拉丁就出了一个响当当的"和老板"，每个月总是拿到令人羡慕嫉妒的最高工资。

人的潜能是无限的。尤其销售工作，能迅速爆发销售天才们的无限潜能，他们创造的惊人业绩总是让人不禁脱口而出——"这简直不是人"。

硬派摇滚——江湖酒吧小松

小松的江湖酒吧的 LOGO

2012 年的一天晚上，我陪一对情侣客人喝了茶以后，他俩请我去江湖酒吧喝酒，江湖酒吧从官门口搬到王家庄方向以后，我还没有去过，就跟他们去了。

江湖酒吧的门特别有意思，它是古城有名的商家里最小的门，单扇的大木门，比一般公寓房的防盗门略宽一点而已。那天我们推门进去，里面的乐队已经开始演出，酒吧里热闹非凡，已经爆满，乐队的演出也很劲爆，刚好遇到我很熟悉的爆炸头小春在吧台工作，他热情地招呼我，给我们三人在舞台面前最近的地方匀了三个小座位。坐下后，我的客人小帅哥大宇先要了半打啤酒，小春亲自拿来啤酒与爆米花、瓜子，大宇要买单的时候，小春拒绝了，说："这半打啤酒和小吃是送沈三哥的，你们不用买单了。"我向小春点头说了声谢谢，回头见大宇很吃惊，就笑着跟他说："咱都别客气，坐下喝酒。"坐定后，大宇指着台上的乐队主唱问我："小松什么时候变这么胖了？我在网上看到的小松是身材健硕的帅哥呀！"我解释道："因为这个不是小松，这个主唱叫马力，唱歌声音跟小松很像，都属于厚重型摇滚，马力唱上半场，小松唱下半场。"

过了一会儿，小春就带着老板小松过来给我们敬酒了，我跟小松介绍："这两位我们阿拉丁的客人是你的粉丝，特意过来见偶像的，我也来给你捧场哦！"小松于是很客气地对我的这两位客人说："沈三在丽江才算真正的偶像，创造了传奇的阿拉丁旅游，我有朋友参团也会推荐阿拉丁，不用担心被宰，不会担心服务质量。"我们的两位客人连连说是。小松离开前又跟爆炸头小春交代，再送我们半打啤酒。

江湖酒吧是一个密闭的大空间，有 150 多平方米，座位数 100 多个，装修上做了很好的隔音措施。

10 点上半场演出结束，乐队中场休息 10 多分钟，然后老板兼首席主唱小松就上场了，一开口就是我最喜欢的歌，小松用他炸裂般的激情唱出了汪峰的《小鸟》，歌词如下：

理想总是飞来飞去，虚无缥缈
现实还是实实在在，无法躲藏
心里充满欲望，身体没有力量
不想感到悲伤，只好装得放荡
飞来飞去，我飞来飞去
满怀希望，我像一只小鸟
我感觉不到倦意，却又无处可去

空虚把我扔在街上，像个病人逃避着死亡
这里适合游荡，眼睛无法闭上
楼群那么辉煌，灯光那么明亮
飞来飞去，我飞来飞去
现实是个笼子，我像一只小鸟
他们给我一对翅膀，他们给我一个方向
他们说那就是幸福，于是我满怀希望
我朝那甜蜜地飞翔，然后看到了真相
那里没有幸福，只有一堵大墙
飞来飞去，我飞来飞去
满怀希望，我像一只小鸟
飞来飞去，飞来飞去
我飞来飞去，像一只小鸟
飞来飞去，飞来飞去
……
我再也不想麻木，再也不想任人摆布
再也不想在谎言中，让生命虚度
我们曾经流浪街头，任寒风拍打着胸口
我们曾经握着拳头，在争取一点点自由
让我们一起唱吧，唱首自由之歌
让我们一起飞吧，飞向天空
让我们一起唱吧，唱首自由之歌
让我们一起飞，像一只小鸟
像一只小鸟，因为我们
生来自由！

小松在舞台上一直穿着衬衣，留着接近光头的短寸，帅气、精神，身材健硕，一口典型的摇滚嗓，多唱汪峰和崔健的歌。小松的搭档周三是他的发小，也是乐队的灵魂吉他手，更是丽江古城一流的吉他手。一流的偶像派乐队组合加上小松极好交友的“江湖豪气”，于是这二人的乐队和他们所开的江湖酒吧就成了古城的头号乐队及生意最好的酒吧。

从上座率、整体营利性和利润比例来讲，小松的江湖酒吧可以算得上丽江排名第一的酒吧，也算得上全国盈利最佳的典范性的酒吧，150 多平方米的营业面积，平均每天开门营业 7 到 8 个小时，20：30 到凌晨 3：30 上座率能达到 200% 以上，人均消费超过 100 元，能保持平均每天 3 万元以上的营业收入，每年 1 千多万的营业收入，相当于一家位置中等偏上的麦当劳餐厅，典型的产品加内容强大，不可复制，颇有“酒好不怕巷子深”的特质。尽管小松选择了相对而言只能算三流的商业口岸，租金也比较低廉，但酒水的定价跟北上广深一线城市一致，纯利润可达到每天 1 万元。

有一次，好朋友客栈老板丁丁问我，江湖酒吧为什么可以做到这么成功，都没有淡季？光他自己这 10 多年来去那里的消费加带去的客人的消费，累计也不低于 100 万元，在丽江，还有很多像他这样的客栈老板或古城商家。我回答：“那是因为小松，小松自己担任主唱的乐队是一流的，小松的特质就是‘江湖’两个字的代名词，他的酒吧就是他的‘武林’，你去他的酒吧，认识他，就会有一种进入江湖认识‘帮主乔峰’一般的荣耀感，所以这种魔幻般的感觉，让江湖酒吧在客人心里不可替代，去过的客人，都会成为江湖酒吧最忠实的消费者。”

同期的同类酒吧“遇见酒吧”，在盈利模式上就吃亏一点，康康作为遇见酒吧的乐队主唱兼老板，能在这个序列里生意火爆到排进古城“前三”，显然也是非常优秀，非常称职的。“遇见酒吧”选址在租金比较贵的官门口，130 多平方米的营业面积，一年 50 万的租金，座位数却比江湖酒吧少 20%，消费与江湖酒吧相当，所以即使上座率接近或持平，总营业收入也会明显地比江湖酒吧少 20%。于是，租金贵 7 倍，定价相当，营业收入少 20%，纯利润就明显比江湖酒吧少很多了。

传奇酒吧的主唱兼老板伟哥，是这个序列里出现的第三个高手，商业模式更接近小松的江湖酒吧，选址在闹市区的巷子里，租金比较低，8 万元一年，面积 130 平方米左右，座位比江湖酒吧少，跟遇见酒吧相当，生意爆好，天天爆满，平均上座率 200%。

小松无疑是丽江乐队型酒吧的开创者与酒吧行业成功的典范，他给所有的中小规模的乐队酒吧与清吧带来了“麦当劳”式的榜样效益。

丽江古城 20 年来成功发展出两种典型风格的酒吧，一种是大型的“樱花屋”风格的酒吧，一种是乐队型“江湖”风格的酒吧，剩下的，就叫“其他”风格的酒吧吧。

热爱办民宿却反复被“伤害”的宝爷

2010年初，我们在香格里拉古城经营铸记酒店的时候，有天下午，我的女朋友想去城里，恰巧我们的车不在，偶遇宝爷在我们酒店的小停车场发动他的别克GL8，于是我的女朋友就走上去问能不能搭车，宝爷热情大方地同意了。一路嗨聊，我的女朋友觉得宝爷这个人有故事，于是就请宝爷晚上到我们的马帮传奇酒吧喝酒，就这样，我和宝爷“隆重”地相识了。

宝爷名叫蒙宝和，西安人，年龄比我大一点点，干过媒体行业。他身高1.6米，90斤，身材瘦小，学识却极其渊博，不仅博学，性格也极其豪放，因此有了“宝爷”这么个江湖称号。宝爷和我一见如故，就此成为我在丽江混迹20年来，除了安老师之外第二个“无话不谈”的好朋友。宝爷的知识结构与谈吐能力都超级强大，每天在一起，也有聊不完的话题，而且永远聊不完、聊不烦，属于那种吵架都能吵到以开心大笑结束的能聊能嗨型口才大师。

宝爷的身材属于让大多数女生羡慕到死的魔鬼身材，认识没几天，我们就一起开宝爷的别克GL8回了丽江。出城后，宝爷问我：“开快一点要不要紧？”我说：“我也是喜欢开快车的，没事，开吧。”接下来，214国道，愣是被宝爷开出了高速公路的速度，我从来没有遇到过在山路上把车开到如此快的司机啊！真的是一到弯道我就紧张得头发都要站起来了，头皮发麻，浑身冒汗，五个脚趾尖立即紧抓鞋底，恨不得把鞋底抓穿啊！

从海拔 3300 米的香格里拉出发，开到中间，在金沙江边海拔 1800 米的几十公里较直的公路上，宝爷终于让我们轻松地“休息”了一会儿，再爬海拔 2700 米的雄古坡去丽江。后面那段山路，我已经不像开始从香格里拉下山时那么高度紧张了，宝爷和我说话聊天，我也能正常接收信息，正常与之对话了。原来宝爷当过赛车手，在上海进行赛车手训练时，还与韩寒一起训练过，可惜最后各方面没能达到一类指标，最终不得不放弃了当赛车冠军的梦想，宝爷虽然经过专业训练，但最终还是没能正式进入专业赛车手的行列。

宝爷详细地给我讲解了山路过弯开快车的技巧，看到大弯，先要在进弯的时候略微减速，正式进弯后开始加速，过弯 50% 继续加速，直到快速出弯。后来，我不断地练习宝爷教我的过弯技术，逐渐从普通的业余司机成长为一位业余司机里开山路的高手，可以达到速度较快还能让坐车的人觉得安全舒服的驾驶高水平。

从香格里拉到丽江 170 多公里，我们一路竟然没有停过车，进城的第一个红绿灯，我们终于在红灯前停了一下。我看了一下时间，宝爷竟然只开了 2 小时 10 分钟，我跑这条路也不下 50 次了，我自己开车，最快的速度也要 3 小时 20 分钟。

2010 年的一天，宝爷带了个高个儿美女来香格里拉古城的铸记酒店找我，他向我介绍，说美女是他的女朋友，来自苏州，名叫凤凰。宝爷说他在香格里拉古城东门入口处看到一个院子，还不错，我 10 年来租过那么多房子，客栈也干过快 10 个了，跟房东谈判有经验，要我去看看，见见房东，谈谈租金。

那个院子是典型的大型藏族风格院落，院内有两层房子，占地 250 平方米，在院子的一边还有 3 间一层的厨房加柴火房，另一边是一排临街的一层的铺面，大大小小有七八间，除房子外，院子足有 200 平方米。

房东当时开出了8万元一年的租金，最多可签15年，我凭自己那三寸不烂之舌，和漂亮的藏族姐姐开心地聊了近一个小时，还搬出了房东姐姐也熟悉并认识的“建平哥”，终于谈妥，确定签15年，租金第一年到第五年是每年5.5万元，第六年到第十年每年7万元，第十一年到第十五年每年9万元，租金每年一付。

宝爷当即就和房东签了合同，宝爷说今天他只有2万元，先给房东姐姐，后天再给剩下的3.5万元，我说我卡上有钱，就直接帮宝爷垫付了3.5万元，干净利索地完成了合同，付清了第一年的租金。房东姐姐从头到尾都很开心，痛快地和我们签了合同。

晚上，宝爷一定要在我们酒店的餐厅请我吃大餐，说今天下午我们的一系列操作就好像他以前在中央电视台拍片子一样——梦幻般行云流水，然后他还说要拉我入伙这个客栈，总预算投资100万元，我们三人合作。我说我事多，忙不过来，就不参与了。宝爷又说，他占50%，出50万元，凤凰占40%出40万元，我占10%出10万元，于是我们就这样敲定了，接下来，宝爷就投入到客栈的装修中去了。

几个月后，客栈顺利开业，取名“开心花园”客栈，开业不久，宝爷就跟凤凰分手了。三年后，我跟宝爷与建平哥，又在丽江古城合伙开了一个新的“开心花园”客栈。

之后因为一些意外，宝爷的运气逐渐走下坡路，先是不久后，丽江的开心花园客栈的房东收到通知，房子要拆迁，协商下来的赔偿款房东拿80%，剩下的给我们。可剩下20%的赔偿款还不够客栈的总投资款，我们亏损近100万元，宝爷是大股东，承担了近80万元的亏损。接下来是建平哥出了事，而香格里拉开心花园的房东家的儿子是个“瘾君子”，经常来客栈找麻烦，要泼要求涨房租，宝爷一气之下把客栈给关了，结果这一关，就再没开门，到现在也没有把客栈给转出去，继续荒废着，还扯上了没交房租的官司。

我后来介绍宝爷去成都旁边的“平乐古镇”做“开心花园”客栈，没想到更糟糕，开发商实力不足，规划混乱，宝爷投资了600多万元，装修的开心花园不温不火。经营了两年多后，开发商不能正常招商，因为负债官司，把整个商圈给做砸了，宝爷的开心花园客栈也无法正常经营下去，基本上也算血本无归了。

宝爷10年前在上海卖掉了自己的别墅，将1000多万元投资在丽江与香格里拉，又到成都平乐古镇折腾了近10年的民宿，直到两年前，剩下了300多万元，在杭州郊区买了个小公寓安家，也算是经历了起起落落。宝爷的“民宿大业”破灭了，他不得不干起了网络卖货的生意，开始再次创业。

民宿业的最大风险就是房子与房租的不确定性，因为不确定而带来的损失与灾难被宝爷反复遇到，虽是偶然，但也属运气不佳。这民宿业的“第一风险”，是做民宿的创业者们不堪接受却又不得不接受的灾难性风险。

“梦想家”的失败

梦想家三文鱼餐厅的 LOGO

“梦想家”是我 2012 年 5 月在丽江开的一家餐厅的名字，全名“梦想家三文鱼”，目标定位是做丽江品质最好、规模最大、生意最好的三文鱼餐厅，同时把“梦想家三文鱼”做成丽江旅游美食名片。

“梦想家”位于距古城北门大水车往玉龙雪山方向 1.2 公里的花马街美食街背街的 2—3 层，面积 900 多平方米，座位数 300 个，其中有包房 15 间，租金一年 35 万元。餐厅总投资 400 万元（含 80 万元备用金），员工 70 人，主打产品为我们自己在香格里拉用泉水养殖的高品质淡水三文鱼，现点现杀鱼片刺身，还有火锅。顾客人均消费 85 元，餐厅盈亏平衡点为营业收入 1.75 万 / 天。

2012 年 5 月餐厅开始营业，营业收入为 5 月份 22 万元，平均一天 7 千多元；6 月份 26 万元，平均一天 8 千多元；7 月份营业收入 35 万元，平均一天 1.1 万多元；8 月份营业收入 48 万元，平均一天 1.5 万元；9 月份营业收入 43 万元，平均一天 1.4 万多元；10 月份营业收入 55 万元，平均一天 1.7 万多元；11 月份营业收入 52 万元，平均一天 1.7 万多元；12 月份营业收入 61 万元，平均一天 1.9 万多元；2013 年 1 月营业收入 63 万元，平均一天 2 万多元；2013 年 2 月营业收入 65 万元，平均一天 2.3 万多元；2013 年 3 月营业收入 72 万元，平均一天 2.3 万多元；2013 年 4 月营业收入 85 万元，平均一天 2.8 万多元；2013 年 5 月营业收入 97 万元，平均一天 3.1 万多元。到 2013 年 8 月，“梦想家三文鱼”达到月营业收入 180 万元，一天 5.8 万多元，再往后，就平均维持在一天 4 万多元的收入，这种状况持续了 1 年。

“梦想家”是怎样在 2012—2013 年用一年时间把生意做起来的？

第一，把产品的质量与特色做到丽江的一流水准，并保持稳定，特别是主打产品三文鱼的品质，一定要稳定。菜品的品种逐渐从 100 多个精简到 50 多个（含凉菜小吃），其中凉菜加小吃保持在 8—10 个。

第二，各种营销手段一起上。在丽江全城发传单，到古城及大街上拉客，并且用各种有效的方法从事网络宣传，4 人以上提前预订的顾客配备专车接送。在提成方面，同行把三文鱼卖到 68 元 / 斤，菜价上浮后给导游、司机等介绍者 30%—50% 提成。我们侧重于顾客对性价比的满意度，将三文鱼定价为 39 元 / 斤，菜价适中，给导游、司机等介绍者 10 元 / 位的人头广告费。这样虽然开始几个月客人被介绍来得比较少，但因为游客的满意度高，转介绍或回头客就慢慢地越来越多。开业的很长一段时间里，出租车每次带客人过来，我们都给出租车司机 10 元 / 次的红包，便于出租车记住我们这个“梦想家”的位置。而且我们每天派员工在不同的位置分别以顾客身份打 5 辆不同的出租车，上车就说去“梦想家餐厅”，出租车一般都不知道，会问在哪条街、什么位置，我们的员工都会按照我们的安排，惊讶地问：“丽江梦想家三文鱼名气这么大，在哪里你都不知道哦？”然后再告诉他梦想家餐厅在花马街中段的十字路口往东 50 米右拐的大院子里。我们的员工一定要让出租车开到店门口再下车，同时我们的迎宾会在客人下车的同时，递给司机一张崭新的 10 元钱的人民币，告诉出租车司机这是梦想家餐厅给司机的红包。司机拿了红包，就会在开出租车的司机圈里传播梦想家三文鱼餐厅。开始的时候，每天都会有 10 到 20 个出租车司机带客过来，我们每天支出 100 到 200 元广告费。2 个月后，我们偏僻的“梦想家”就被出租车司机传播得“无人不知无人不晓”了。

在小小的丽江，只一年时间，就把一个大型餐厅开到了生意最好、名气最大，作为“梦想家”的老板，一年后我就开始头脑发热了，说实话，我飘了起来，不久后，我就开始了一些错误尝试。

“梦想家”又是怎样把生意“一步步做坏的呢？让我们回到 2013 年到 2016 年那三年间。

最值得一提的是，2016 年，我非常有幸地邀请到当时正在丽江游玩的海底捞的睿哥，也就是张勇的弟弟，还有他的助理阿美到“梦想家三文鱼”吃饭并指导，阿美在海底捞的太原店与上海店当过店长。他们来到梦想家三文鱼餐厅后，我与他们进行了长达两天的深度交流，睿哥一针见血式地指出了我们的问题。

第一个问题，我们的主打产品是现杀三文鱼，质量不稳定，作为丽江的地方特色美食没问题，但无法作为连锁店的核心产品走出丽江走向全国。

第二个问题，我们的梦想家是大型餐饮店，跟海底捞普通单店规模相当，在丽江这种加上游客只有 30 万左右人口的小城市，把一家大型店开到最好就是成功了，乱开分店是大忌。但我们却在 2014—2016 年，在丽江开了 5 家分店，其中 900 平方米以上的大型店一家，分店两家，这对于连锁品牌发展来说就是自毁招牌。睿哥说：“你看海底捞都中国火锅行业第一了，在起家的四川省简阳市，20 多年来都一直保持只开一家店，把一家店做到最好，不会去‘冒险’开第二家店。”

的确，在 2021 年年初，当我看到海底捞在小小的丽江开了第二家大型店的时候，想起睿哥当年给我的忠告，立即感到海底捞也在犯大错误。而这种想法，很快就得到了验证：果然不久，海底捞在丽江的新店就关店了，同时关店的还有雷同的 300 家左右在全国各地新开的海底捞。看来知道原则很重要，知道了严格遵守不违反更重要，当然，这是后话。

第三个问题，梦想家的人力资源与薪酬制度没有形成有效的“经济模型系统”，比如我们总店 2013—2014 年度的各项指标为：营业收入 1400 多万元，人均消费 85 元，年平均上座率 165%，菜品采购占收入的 35% 左右，租金 35 万元占收入的 2.5%，但人工工资占收入的 17.5%，显然比例太低了，直接产生的后果就是员工太累，工资不高，留不住好员工。我们这种类型的餐厅，应该在突破盈亏平衡点后，租金加人工成本占比在 28%—31% 比较合适，而我们的租金是 2.5%，人工工资是 17.5%，相加是 20%，也就是说，梦想家整整克扣了员工 8%—11% 的工资比例，按最低来算也克扣了 8%，一年下来，克扣了员工工资 110 万元左右。如果员工工资在 2013—2014 年按最佳比例 25.5% 来核算，员工平均工资就可以多拿 30%，每个月员工拿到的工资平均就要多出 1300 元，这样餐厅内部就可以积极循环，很容易继续提高上座率，提高营业额，最终就会出现令人惊喜的效果，结局自然也就与现在有所不同，1400 万元的营业额就能继续稳步上升到 2000 万元以上，当上座率达到极限的

350% 以上，3000 万元的营业额也是有可能达到的。也就是说，2013—2014 年，梦想家的老板把本属于员工的 110 万元辛苦费“压榨”走了。也就意味着，如果能按照最佳比例 25.5% 的模型方案发工资，2014—2015 年我们的营业收入就可以得到稳步上升。

但实际情况却是，我们营业收入高速上涨，员工工作量增加 50% 甚至翻倍的时候，员工工资却跟同行一样多或者略多一点点，差别不明显，随之而来的就是员工内部有抱怨不说出来，优秀员工离职，业绩开始下滑。当然，业绩的下滑跟我们在丽江各处开分店，拉走了一部分本属于我们总店的客人也有直接关联。

再看现在的海底捞，在资本雄厚的前提下，知错能改，及时纠正，关店止损，虽然关了 300 家门店，却宣布不裁员，开着的店也继续维持按比例发放较高工资，坚决不“压榨”员工的态势，真是值得学习与借鉴的“活着的教科书”。

炒出普洱茶的真实面目——阿伞师傅

竹筐中的普洱茶嫩叶

2007 年冬天，张元虎大哥带了一位普洱茶山的年轻小伙子到我们公司茶室坐了坐，当时，我亲自泡了一壶普洱生茶给他们喝，喝到两三泡后，我问茶山来的小伙子，这个茶怎么样。小伙子对我说：“老板，你这个茶本身还不算差，是 100 年左右茶树的春茶，但是个‘隔夜茶’。”

这个“隔夜茶”一下子就把我给搞“蒙”了，我可是当着他们的面从茶饼上撬下来现泡的，从第一泡到第三泡也不过 5 分钟而已，怎么就成了“隔夜茶”呢？小伙子看我非常吃惊，笑着说：“老板，你不要搞错了我说的话，这个茶啊，应该是当天采下来的鲜叶炒茶，但你这个是鲜叶被放了一个晚上，隔夜后第二天再炒出来的，所以茶叶泡出来的味道有点‘闷’，香气与味道都不能完全释放出来，采茶做茶的茶农把这种称为‘隔夜茶’。”

然后张大哥向我介绍，说这位小伙叫“赵阿伞”，是他最小的兄弟老三的“连襟”，家在普洱景迈山附近，是茶农与制茶师。阿伞非常真诚地邀请我和张大哥去他家——普洱市澜沧县糯福乡的勐宋村山区，也就是离云南著名的“第一茶山”景迈山10公里的地方，那里海拔1400米左右，比景迈山低100米。

当时我在丽江已经待了7年，7年来，我几乎每天都喝普洱茶、泡普洱茶，没想到对普洱茶却还是个完全的门外汉，我们公司还准备认真地卖普洱呢！看来我是得好好地学习和了解一下普洱茶了，于是我跟阿伞约定，来年清明节前后，去他们家看看，跟他学习并了解一下普洱茶。

2008年的4月，我与老张约着小邓姐一起去景迈山，对于在丽江的我们来说，景迈山还是很远的。我们下午出发，第一天住在了大理古城，第二天一早我们8点就从大理古城出发，经过临沧，开车到澜沧县城的时候已经是晚上11点了，次日，我们从澜沧县城上乡村土路，一路开了近3小时，才到了阿伞家所在的勐宋村，这里距离缅甸边境直线距离只有20公里。

海拔1400米左右的勐宋村区域内，以30—100年树龄的生态茶树居多，100—500年树龄的古茶树也有一些，散落在村民们的田间地头。此时正是一年之中采茶制茶的黄金季节，阿伞带我们到茶叶林地一一区分茶树和茶叶。茶树树龄越大，叶片就越大越饱满，从芽尖下来，茶梗连接叶片的第二叶到第三、第四叶的间距也更长，以均匀比例放大。春茶也分两季采摘，清明前是第一季，也是品质最好的，俗称明前春茶；采完第一季后，20—30天又会长出来第二茬鲜叶，俗称明后春茶。短短的间隔，同样一棵茶树采摘下来的茶叶，价格相差2倍左右。相对更次的是秋茶，中秋节采摘，最差的是夏天雨季的雨水茶。以100年树龄的古茶树制作的生茶举例，当年的明前春茶为200元一斤，明后春茶为150元一斤，秋茶为50元一斤，雨水茶为25元一斤。如果100多年以上的大树，为保证更好的春茶品质与产量，通常情况在雨水期和秋天都是不采茶的。

外行买普洱茶最容易遇到的情况是奸商们把秋茶或雨水茶，混合一点春茶，冒充春茶卖给顾客，或者把小树龄的茶叶冒充大树龄的卖给顾客。阿伞泡了不同的茶，向我们展示100年以上的古树明前春茶的特点，首先是入口香气明显，茶水到咽喉处很顺滑，咽下去后咽喉很舒服，不会有一点点残留与不适感，如果秋茶或雨水茶，就不那么顺滑，甚至有明显的堵喉咙的涩感。其次，100年以上的古树明前春茶，把茶叶慢慢泡开，冲泡5泡以后，将茶叶取出一片片展开，破损的极少，4片左右的叶子连在一根粗壮的茶梗上是比较完整的形态，树龄越大，这种完整率就越高。最独特的是，开水冲泡过的叶片，在1天内用手指来回揉捏，既能体验到柔嫩感又揉不烂，反复揉几下以后再打开，每个叶片都完好无损。明后春茶就会揉出一点点渣子，略有破损，秋茶则可以揉烂，雨水茶随便几下就揉碎了。

景迈山茶叶主产区在海拔1600米，是云南所有茶山里200年以上树龄的古茶树最多的茶山。这一次茶山之行，老张、小邓姐与我三人，在景迈山片区住了4天，然后我们邀请阿伞跟我们一起去丽江，帮我们卖茶，并负责把关茶叶的进货。离开景迈山之后，我们又去了海拔1800米的布朗山产茶区、海拔1600米的南糯山产茶区，还去了西双版纳，在那儿度过了泼水节。离开西双版纳后，我们住进了普洱市镇沅县境内的一家小旅馆，旅馆老板娘一听我们几人是不同口音的外乡人，好奇地问我们来他们这个偏僻的地方干什么。我说我们是在丽江做旅游的，来普洱茶产区旅游，了解一下茶文化、茶知识。

老板娘就问我："你们知道千家寨吗？"我说不知道。老板娘说："你们了解普洱茶文化，一定要去我的老家千家寨看看啊！就在镇沅县的哀牢山片区，离这里130公里，开车3小时，目前发现的最大的野生茶树王，有2700年树龄，就在千家寨的山上。你们回丽江的话，可以从千家寨直接下山，往景东县方向走，不用回镇沅县。"跟老板娘聊了会儿，了解了去千家寨的详细路线，第二天一早，我们就出发往千家寨方向走。千家寨属九甲乡辖地，九甲乡政府驻地海拔1800米。我们经过九甲乡政府后，又在山腰2米多宽的狭窄土路上行走了10公里，然后停下车从村里请了一个向导，开始徒步爬山。停车的地方在海拔1900多米，我们徒步上山，连续经过两个瀑布，向上爬了几百米后，就走进了保存完好、一点也没有被人为破坏的原始森林。我们又在原始森林里穿行了一个多小时，终于来到又2700年树龄的野生古茶树王的面前。古茶树王很大，主干粗壮，高20米以上，茶树的底部，就算两个人张开手臂合围，也还差一点才能抱住。此地海拔2450米，后面的哀牢山上有一座高峰海拔3160米。我们走过原始森林片区，发现许多野生大茶树都有编号，向导告诉我们，我们正在穿越的这个片区是云南1000年以上野生古茶树最集中的地方，省政府几年前就开始保护这些茶树，这些有编号的都是1000年以上的野生古茶树，据统计有200多棵。全云南其他地方1000年以上的古茶树加起来也没有这个山头的千年古茶树多。一路上，我们看到森林里有非常多粗大的藤蔓，缠绕在各种大树上。这里的空气清新极了，景致别具一格，令人流连忘返。向导顺手摘了几片新鲜的千年野生茶叶的嫩芽让我们品尝，味道确实比一路走来的其他山头的几百年的茶树嫩叶好吃，口味清新，味道更甘，涩味小得多，向导说用千年野生茶树的嫩叶炒鸡蛋，非常好吃。

下山后，我们在乡政府旁边的一个清真小饭馆点菜吃饭，喝了一杯老板娘泡的生茶后，阿伞师傅直接问："老板娘，你给我们泡的这个茶叶多少钱一斤买的？”老板娘说：“这是我一个侄儿送给我的，这个侄儿做茶叶生意，我们这小饭馆的茶都是他送的，我没有花钱买过茶叶。”阿伞师傅转头对我说：“这个茶应该是50年树龄到70年树龄左右的生态茶，这里的茶比景迈山片区的茶回甘更明显，可以问一下老板娘的侄儿这个茶叶怎么卖，如果价钱合适，我们可以买一些带回丽江。”我就让老板娘马上给她的侄儿打电话，把他叫过来，顺便再带一些这样的茶叶。

过了半个小时，老板娘的侄儿骑着摩托车，驼着两麻袋茶叶到了饭店，老板娘憨厚的侄儿叫周剑，是九甲乡中学食堂与小卖部的老板，兼做茶生意。我们一打听，这个50—70年树龄的生态茶在这个片区每年都有好几吨的产量，买1000公斤以上70元/公斤，买100公斤以上1000公斤以下80元/公斤。阿伞合计之后告诉我，这个茶比景迈山片区同样树龄的茶品质高出很多，价格却低20%，这里的茶叶产区平均海拔在1900—2000米，算得上是云南普洱茶产区海拔最高的地方，这里的茶叶味道更甜，更适合女生与入门的饮茶者饮用，耐泡度也很好，泡到15泡后还有明显的茶味。有了阿伞对品质与价格的双重认可，我们就买了周剑拿来的2麻袋茶叶，又跟他预订了1000公斤。阿伞说这种茶我们可以拉到丽江，在店里慢慢做手工压饼，效果比机器压的更好，我们跟周剑约好，过几天再专程开车来拉预订的1000公斤茶叶。

在丽江，我经常带阿伞去其他茶叶店或茶室喝茶，如果没有阿伞告诉我实情，那品茶的结果就是——我会相信大部分卖茶人一本正经的讲解，把他泡给我喝的普洱茶买回去。普洱茶总体来说是茶叶里性价比最好的，但也因此成了一些商家滥竽充数的最佳道具。

与千家寨的周剑有了第一次非常愉快的采购合作后，接下来我连续7年，每年都跟周剑预订一吨千家寨片区的生态茶以及其他一些茶叶，周剑的茶叶也一直货源稳定，性价比很高。

从千家寨回来以后，我对普洱茶山的热爱一发不可收拾，平均每年最少去一次景迈山片区的阿伞家，然后再环游普洱茶产区一圈。

拿景迈山加勐海片区2020年春茶行情来说：最便宜、产量最大、流通最广的台地茶（树龄5—30年）价格50—100元/公斤；小树生态茶（树龄50年左右）200元/公斤；古树茶（树龄100—500年的）500—5000元/公斤；500—800以上树龄的古树特别稀少，价格5000到10000多元不等，不过500年以上的茶树确实非常稀有，市场上80%号称流通价10000元以上每公斤的500年以上树龄的普洱茶其实都是名不副实的，比较普遍的是拿200年左右的茶树的1000—2000元一公斤的茶叶冒充更高树龄的极品茶，以便赚取差价。至于那些拿古树秋茶、雨水茶以次充好，泡开后茶水不够清澈，喝下去喉咙感觉不顺畅，泡完后叶片能揉烂揉碎的茶叶，便是坏心眼的奸商用便宜茶叶冒充高级古树春茶的恶劣行径了。

2007年曾出现过炒普洱茶的高潮，随后泡沫很快破灭，到2020年普洱茶的价格再次上升至历史高位。然而期货交易方式风险极大，近年来，普洱茶期货炒客频频被曝无法支付货款，损失惨重。

2020年，据东莞广播电视台报道，东莞60多名炒客被曝购买普洱茶用于投资，但到期收货时，却无法对单交货，涉及茶叶本金超过1亿多元。

普洱茶本是一个具有上千年历史的“快消饮品”，被“聪明人”一番炒作，引得众多乱象。当手工茶、标准化、工业化等铺天盖地的名词与标签袭来之后，茶叶以翻十几、二十倍的价格卖到了消费者手中，这些难道不是在赚消费者的智商税吗？不过是让一些追求虚荣的普通人认为自己花大价钱消费了“茶中爱马仕”！

今年夏天，有个认识多年的朋友告诉我，可以做出将定价翻20倍的“白金草”，想与我合作，请我帮他开拓云南市场，像卖“黄龙玉”一样卖他的“白金草”。他预估一年能卖出上亿元的“白金草”，承诺给我10%的分成，说这样一年我可以赚1000万元以上。没想到被我拒绝后还骂我不务正业，有钱不赚，是不上进之人，愧为人父！最后被我果断拉黑。

我在湖南经营景区的趣事

回龙山

在中国有两个城市淡水养殖的三文鱼品质最好，一个是丽江，另一个是湖南省资兴市。在湖南郴州资兴东江湖，有个养三文鱼的冯老板，在丽江认识我后，一直热情地邀请我去资兴玩，到 2017 年 10 月，我终于有机会成行。

冯老板知道我是做旅游的，所以晚上安排的接风宴上特意邀请了旅行社老板欧阳与资深摄影师何孝刚老师陪同。冯老板介绍我是丽江来的好朋友，何孝刚老师便问我："你是丽江的，那你知道丽江的阿拉丁吗？"我笑了，说我就是阿拉丁老板，何老师说："我参加过你们阿拉丁的石卡雪山 2 日游，玩得可开心了，导游叫李宏飞，到现在都有联系呢！"

每次在别处遇到"阿拉丁旅游"的客人，都有一种"他乡遇故知"的亲切感。一起吃饭的还有回龙山景区的刘老板。何老师、欧阳、回龙山的刘老板三人也是好朋友，于是他们盛情邀请我去东江湖旁边的最高峰——刘老板的回龙山小住几天，帮他们的景区提提意见，再看看是否有合作的可能性。

除了比丽江的湿度大得多，回龙山的气温竟然跟丽江很像。回龙山的蓝天跟丽江一样通透清澈，晴天的晚上可以看到银河，在这种海拔 1400 米的南方的山头，能看到壮观的银河，让常年旅行的我觉得不可思议。那里还经常出现云海，据统计，一年里出现云海的日子超过 100 天，并且这里日出与晚霞也非常壮丽。

回龙山山腰海拔 800 多米的地方有村庄，从海拔 1100 米一直延伸到山顶海拔 1400 米的地方，就是占地 20 平方公里的回龙山景区了。山顶有个古老的小寺庙。回龙山有"古南岳"之称，景区主要的收费产品为寺庙旁边修建的回龙云居酒店，有 58 个客房与配套餐厅。

酒店由几个中老年人看管，周五、周六生意比较好，天气好的时候偶尔爆满。房价从 280—800 元不等，均价 350 元 / 间，平日周一到周四生意差而且不稳定，一个客人都没有的时候也有，常年入住率在 27% 左右。

景区搞了快 10 年，总投资 2300 万元，其中酒店片区部分投资 1500 万元，其他公共设施投资 800 万元，包括修路、栈道、观景台、寺庙修缮等。刘老板告诉我，他的期望值是一年能赚到 100 万元以上，最低 70 万元，因为他有 1000 万元左右的贷款，至少要有 70 万元的收入才够付利息，目前的经营状况让他觉得完成 100 万元似乎很难，连 70 万元都不太有把握。我在山上住了20来天，经营情况确实如刘老板所言。我告诉他，要做到在目前营业收入的基础上翻倍其实不难，也不需要追加投资，只需要换个经营思路，构建一个新的“经济模型”就可以了。

把入住率从27%提升到50%以上，达到一个酒店应该达到的基本水准，是经营酒店的基础目标，况且刘老板这个酒店有全郴州独一无二的风景与特殊的气候优势。只是目前回龙山本应给游客呈现的“旅游区”，被他们活生生地干成“农家乐”了。

由于负责人和经营团队都不懂旅游，也不是旅行者，所以干成“农家乐”也实属正常，我的家乡宜宾的蜀南竹海，就是一个超大的收门票的农家乐式景区。但我们必须要明白，回龙山这里“景区农家乐化”，会造成以下几个突出的缺点。

第一，旅游是带着美好的心情出来的，要寻求的是不一样的感觉，在环境清新的令人心旷神怡的景区，定价比农家乐高一些，顾客会觉得很正常。但这里，只提供了吃饭睡觉这样简单的农家乐式的服务，跟纯正的农家乐相比，定价又明显过高，便会造成满意度低、回头客少的现象。还有一点也很重要，会聊天、会聊旅行，是前台工作人员的基本素质，聊得好，常常会升级游客的旅游体验。

第二，这里山下40公里处东湖出口的“小东江景区”是5A级景区，一年有80万游客，其中不乏很多外地的尤其是广东游客。而到回龙山来的游客也有外地游客，但不多，再往下走，游客就更少了。因为外来游客，特别是广东游客，一般都是坐高铁到郴州，再到资兴，然后包车上来。司机带游客上来，回龙山回龙云居酒店还要收司机吃饭和住宿的费用，虽然一部分游客会请司机吃饭，但最低200多元的房费，让游客自己掏腰包请司机住，几乎不可能，而司机如果自掏腰包住宿、吃饭，司机就没有利润了。所以，带客人上了山，司机就不得不睡车里，山上海拔高，晚上非常冷，在房间里夏天都要盖厚被子，睡在车里更是又冷又憋屈，司机自然觉得没有尊严，不愿上来。

我跟刘老板提出来，按我的方式来经营这个回龙山景区，主要是回龙云居酒店，然后我们签订了经营协议，条款如下。

甲方为刘老板，乙方为经营方丽江阿拉丁旅游公司。

第一条，房费、停车费、帐篷占地费、帐篷出租费等收入为 A 类收入（房费统一不含早餐）。A 类收入的实际收入（除去平台佣金、司机拉客提成等）65% 归甲方，35% 归乙方，乙方负责经营的所有开支，包括人工工资、水电费、布草洗涤、维修维护等，若需硬件投资，由甲方负责投资。

第二条，餐饮、小卖部等商铺收入为 B 类收入。B 类收入的 15% 归甲方，85% 归乙方，乙方负责货品采购、人工、水电费等所有运营支出。

第三条，乙方负责营销。将现有景区投资折价 2500 万元，协议期限 5 年，5 年内若甲方出售整个景区项目，成交在 2500 万元以上的部分，甲方拿 65%，乙方拿 35%。甲方在此期间从事的硬件投资，经甲乙双方认可后备案，在 2500 万元的基础上叠加。

第二年，也就是 2018 年 4 月，我们就开始接手回龙山景区的经营，酒店员工们“人心惶惶”，我耐心而热情地告诉所有的员工，大家的职务基本不变，我会增加 2—3 个前台工作人员与网络营销人员，而且接下来生意会翻倍，大家的工资收入会更高。

接手后，我的经营策略分为如下四部分。

第一，将房间划为 3 个类型，标准型房间定价 280 元，销售价 260—280 元，周末与节假日底价 210 元，平时周一到周四底价 160 元；豪华型、观景型房间定价 380 元，销售价 360—380 元，周末与节假日底价 310 元，平时周一到周四底价 260 元；套房定价 888 元，销售价 800 元，周末与节假日底价 700 元，平时底价 600 元。中间产生的差价作为佣金支付给旅行社及拉客司机。

上门客与网络客人由前台按销售价进行销售，前台在客房单价上不做特殊优惠；一次采购多个房间的顾客，需要优惠的，根据当天状况采取赠送一间房或半间的策略，比如入住 4 间实收 3 间房费或 3.5 间房费；司机与旅行社介绍的，平日也可以申请享受赠送房间，这样司机就可以按照实际收费间数赚取佣金，周末节假日的佣金是 50—70 元 / 间，平日的佣金 100—120 元 / 间。

第二，凡是司机或导游等带着客人入住的，只要有客房，必须免费给司机或导游住客房，而且有豪华房优先给豪华房，销售量最好的司机，有套房的情况下优先给套房。没有客房的情况下，给司机或导游专属宿舍住，特殊情况宿舍爆满的，给司机发放被子、枕头，让司机睡在车里（实际情况是一年之中有 20 多天的确宿舍爆满）。

第三，前台入住时做好司机或导游的登记，每天早中晚安排司机或导游免费拼桌用餐，8 人以下安排一桌，8 人以上安排 2 桌，用餐质量与标准跟客人平均用餐标准同步，做到丰盛而不浪费。司机或导游带的客人在餐厅的消费按 15% 提成，买特产或茶叶的一样是 15% 的提成，消费后统一微信转钱。

第四，建一个司机或导游拉客微信群，每天分享山上的天气、云海、日出照片及视频，并定期分享司机或导游拉客的旅游服务技巧。

接手一周后，生意明显提升。一个月后，周一到周四的生意平均翻了 2—3 倍。

有一天，一位做禅修培训的老师从携程上订了房间，周末过来的时候发现这里做他们为期 5 天的禅修培训很不错。于是这位老师说，这里经常能看到云海，仙气飘飘，特别符合禅修的气质。我们的会议室有 100 多平方米，布置一下就可以做课堂。他问 20 间房 30 多个人，房费能优惠到什么程度，我说如果你能把时间安排到周日到周四这 5 天，20 间房我按照携程网上的定价，只收取 10 间的房费。这位老师愉快地同意了，仅仅过了一周，他就组织了30多人，开了20间房做培训课活动。

还有一次，我从山上搭了一辆吉普车去郴州火车站，开车的人叫萧波，是退伍军人。他在郴州开了一家灯具店，他说他的客户一般一次全新的家装，会买3000—5000元的灯具和线路，他自己有过千的毛利。于是，我就把他拉进了司机拉客群，并许诺他司机拉客的房费提成。之后，他每次遇到友好成交的顾客，都送顾客回龙山一晚客房住宿的机会，大部分时间，他自己不用陪同，顾客自己开车上来就行。几个月后，我们在回龙山再次碰面，他表示，送顾客回龙山客房住宿的效果很好，比请吃饭省钱省事，顾客不仅开心，还会介绍朋友去他店里买灯具。

在经营执行及员工提成方面，我是这么做的。

首先，从丽江阿拉丁调来3位年轻的同事，做前台接待兼网络营销，包括处理携程订单等。所有客人不管是本地的还是外地的，一听我们是从丽江来的，就有了关于旅游、关于丽江等聊也聊不完的话题。我们统计，在回龙山入住的客人有30%以上曾经去过丽江，而且偶尔会遇到去过丽江并且参加过阿拉丁行程的客人，更是倍感亲切。

同时，给每一个岗位制定提成与保底工资（两者取其高）的薪酬方式。以洗碗工阿姨为例，她的任务是洗碗、打杂、准备早餐的米粉等工作，工资为餐厅日收入的2.5%（保底工资2300元/月，若当月上班26天以上，提成的2.5%不足2300元的，补够不足2300元的差额部分），若发生请假，请假期间的2.5%由替代其工作的配菜大姐领取。

以前，洗碗阿姨的工资是2300元加奖金，旺季很辛苦的时候，偶尔能有两三百元的奖金。一旦生意太好超负荷劳动，洗碗阿姨就会有情绪，还会抱怨，偶尔传菜出来给客人的时候，脸色也不好看。实行提成后，每晚都在工作群公布营业收入及每个人当天的工资提成。开始运行的第一天是周四，餐厅收入2000多元，阿姨工资60多元，第二天是周五，差点住满，餐厅收入8100元，阿姨工资203元左右。第三天早上，阿姨吃惊地问我，昨天她的工资 203 元，是不是真的？我说当然是真的，这会儿就可以先给你。第二个周五，阿姨来问我，她女儿在学校当老师，学校校长想带朋友来玩，今晚上来，住 5 个房间，能不能优惠点？我跟阿姨说，你告诉校长，房费是 280 元 / 间，我们给校长优惠 20 元，收他 260 元 / 间，他住 5 间，看阿姨你的面子，我们只收校长 4 间的钱，送他一间。后来校长一听就愉快地订了房间。

次日早上，我又亲自发给阿姨 200 元现金，告诉她这是校长付费的 4 间房的提成，每间 50 元。阿姨很惊讶，关心地问我：“小沈，你这样干生意一定会好，但你自己会不会亏本啊？”我跟阿姨解释：“这样干，我们大家都能多挣钱，而且客人也更满意，不是吗？”第一个月下来，阿姨的工资就拿到了 3500 多元，后面生意更好的时候，她的平均工资能拿到 4000 多元。从此以后，洗碗阿姨每天不管多累，都是开开心心地工作，平时不忙的时候，她还经常去前厅的大堂区域帮忙打扫卫生。

其他岗位的薪酬是这样的。

厨师工资是餐厅收入的 8%（保底 6000 元 / 月），平均每个月下来过万。

收拾房间的 3 位中年妇女的工资是客房收入的 4.5%。三人同时上班，每人工资是客房总收入的 1.5%。有 1 人请假 2 人干活，每人工资是客房总收入的 2.25%。每天晚上，要有两个人轮流去餐厅帮忙点菜，再拿当晚餐厅收入的 1%，而 3 人里的领班，每月可多领 800 元管理费。这样，从第二个月起，3 人每月平均工资就达到了 5000 元左右，比以前的 2500 元工资翻了一倍。

暑假来临之前，高考结束的第三天，凌晨 3 点，八位徒步上山的高考生来到酒店门前，敲开门问值班的小田：“房间最低多少钱？”小田说：“半夜了，给你们半价 140 元吧。”几个学生说能不能只开一间房，就是为了省钱。小田做了一个非常灵活的安排，她说：“给你们两个大双人床的房间，你们8个人每个人给20元，一共给160元吧，这样你们两个人一张床，不然你们没法睡觉，挤在一间房，把床搞塌了就亏大了。”几个学生非常惊喜地住下，第二天下山前，特意感谢了小田，还互加了微信。这件事让我突然想到，应该做一拨促销。我立即推出了“6月10日起至7月5日止，凡高考生，在周一至周四入住，实行房间买一送一”，并在朋友圈发出了招暑期工的通知。结果8个半夜入住过的高考生中，有两个身高一米八几的体育生，马上报名做了暑期工，基本工资80元/天。结果暑期我们的生意非常好，高考生们在培训后既能守前台做销售，还能收拾房间点菜，几乎是除了在厨房里切菜炒菜之外，无所不能。

特别好玩的事随之而来。以前，对于不住宿只是上来玩的客人，我们停车场的老爷子总是很难收取他们20元的停车费，就算吵架他们也不给，我后来规定收不到就算了，一定不能吵架，不能让停车的客人不开心。可自从来了几个高大的体育生后，这位当过乡长的老爷子收停车费时，总会让最高大的学生背着手，像保镖一样跟着他，或者双手抱在胸前，站在他旁边，这样一来，收停车费就避免了很多的废话和扯皮，再没出现过一次吵架现象，客人都规规矩矩交了停车费，一次不给停车费的情况都没有再发生，老爷子收个停车费，还找回了做领导的权威，每天得意扬扬。

四五个高考生做我们的暑期工，帮我们在暑假与“十一”黄金周期间，应对了各种繁忙的情况。

从4月开始经营，到11月底，我们做了一个统计。我们给刘老板交的A类65%和B类15%的收入8个月相加，已经达到了148万元，客房平均入住率达到了62%。这业绩让刘老板非常满意。

客栈“搅局者”——老潘

70后老潘于2018年入局做客栈，一年多时间，分别在丽江、大理、泸沽湖、杭州、香格里拉、亚丁等地连开了7家客栈，每家投资500万元到800万元。老潘曾经说，他要开100家客栈，每一家的年收入不求100万元以上，能赚几十万元就好。结果，到2021年下半年，开的7家还剩3家，且全线亏损。

我问过老潘：“是不是2018年看到‘花间堂’被华住投了4亿多元，就觉得自己应该比‘花间堂’干得好？”我还对老潘说：“好多人跟你想到一起了，也都不计成本、不计回报地疯狂扩张，都把‘花间堂’当成了标杆，把丽江古城当成了阵地。这就导致2018年到2019年的两年里，丽江客栈生意比2017年以前难做了许多，客栈租金逆势上涨，把丽江古城客栈的房东‘宠上了天’。”

“老潘们”是亏惨自己，哄抬客栈租金而不被房东们感谢的一群投机者。这几年来，在丽江古城有想法，要大干一番，却稀里糊涂赔上大几百万元甚至上千万元的客栈老板不下100位。若是一帮稀里糊涂连账都没算清楚的人都能开连锁店、做品牌、发大财，那必定就是这个行业的毁灭性灾难了。

有人会问，老潘这样投资民宿的人，自己有那么多钱吗？即使有那么多钱，他们就真舍得拿来“赌”吗？事实并非如此。他们大多是在朋友圈里融资做的民宿，他们靠“做民宿”“卖情怀”“上市梦”来融资，有些还搞了网络众筹，筹到钱后便开始费尽心思、不遗余力地替房东们“打工”。

那究竟什么样的客栈算成功？根据我的经验，一般来说，要满足三大基础指标。第一个指标，顾客满意度高。有多高？得明显高于同行。只有这样，才能“人传人”，才能有回头客。就单一店面而言，得冲进周边 100 家客栈的前 3 名。第二个指标，员工满意度高。只有员工对企业高度认可，企业才能可持续发展。第三个指标，投资人有好的回报。客栈每年盈利得达到投资总额的 30% 才算及格，45% 以上才算良好，60% 以上才是优秀。因为客栈的装修更新周期一般是 5—8 年，优秀的投资者能两年以内收回成本，良好的投资者能三年以内收回成本，及格的投资者也能在四年内收回成本，如果第五年都无法收回投资成本，只能算是彻底失败了。

就拿老潘在丽江古城的客栈来说。总投资 500 万元，租金 29 万元 / 年，房间 12 间。2018—2019 年，房费均价 500 元，入住率 45%，一年房费总收入 100 万元左右。除去 30% 租金、25% 运营管理综合费用（人工、水电费、税、维修维护等），投资者能赚到 45 万元，是总投资的 9%。

即便能靠一些游客购物、报旅游团的提成和二次消费等途径弥补人工成本，把运营综合管理费用降到最低的 10%，投资者从而赚到 60 万元，那也才是总投资额的 12%。而丽江古城的很多想做连锁的客栈，都处于这种高投资低回报，“替房东打工”的状态。因为你想赚更多钱，就要提高房价，提高了房价，就需要把房东的破房子装修得越来越好，当你要转让客栈或租期到了，房东就会理直气壮且理所当然地涨租金，把租金涨到你客房收入的 30% 到 50% 甚至更高，噩梦无限循环……

人为自己牟利总是要最大化，客栈房东们也不例外。

再拿老潘投资 800 万元的亚丁店来说，租金 60 万元，房间 30 间，房间均价 480 元，入住率 40%（亚丁冬天关门 3 至 4 个月）。一年房费收入 200 万元左右，除去 30% 租金，30% 运营最低成本，投资人最高能拿到 40%，也就是 80 万元，回报率 10%，想靠经营收回成本，一样是遥遥无期。

客栈合理的租金应该要控制在房费收入的 20% 以下，如果超过 20%，除非你的入住率在维持好价格的前提下能高于 60%。

一个房间的装修投资必须小于房费收入乘以 400 天的得数，如果你一个房间平均定价 250 元，装修投资成本就不能超过 10 万元。

运营成本一般在房费收入的 25%—35% 是比较合理的，超过 40% 与低于 25% 都不合理。低于 25%，意味着员工待遇低，那顾客的满意就无从谈起，高于 40% 呢，投资者获得的利润就不合适了。

有些客栈，在开第一家店的时候，比较容易达到良好甚至优秀，但连开两家、三家，就不行了。究其原因，第一家一般是老板亲力亲为，能把租金与装修成本做到可控，经营的成本在老板亲力亲为之下也更低，而顾客满意度也会更高。事实上，老板本身的付出应该匹配的工资收入是不低于一个店长的，而这个往往被忽略不计了。

如果租金控制在房费收入的 15% 以下，最好是 10% 左右，每个房间的装修成本控制在每天房费收入乘以 400 天以下，最好是 300 天左右，能做到 65% 以上入住率，老板自己亲自参与管理能做到运营成本 25%，一家新的客栈是能够做到良好并可能优秀的。比如租金 14 万元 / 年，客房 20 间，每天的房费收入平均 300 元，每个客房平均投资 9 万，总投资 200 万，入住率 65%，这样的客栈房费收入为 142 万元，分别是租金 10%，综合管理成本 25%，利润 65% 即 91 万元，这样就能达到 45% 回报率的良好业绩标准。

但事实上，稍不注意就会下降到及格，甚至不及格。比如租金 15 万元 / 年，客房 20 间，每天的房费收入平均 250 元，平均每个客房投资 9 万元左右，总投资 200 万元，入住率 50%。这样的客栈房费收入为 100

万元左右，支出租金15%，综合管理成本25%，利润60%即60万元，这样的业绩才勉强达到了最初级的30%的年投资回报。

而大部分入局者们是达不到这个及格线的。

如果要做一家比良好更好，达到优秀甚至更赚钱的客栈，我有以下三点建议。

第一，提高房间产出比，就是用更低的装修投资，获得更高的房费收入。比如每间房的平均装修投资10万元，平均房费卖到350元，甚至400元以上。

第二，提高房间的入住率，让房间入住率超过70%、80%，甚至更高。通过高产出，把租金占比降到7%以下。

第三，做一些合理的二次消费，比如卖特产、做旅游、提高餐饮收入等。

但是按整个中国客栈和民宿业的状况来说，一半以上的客栈是没有做到及格即30%以上年投资回报的。因为按5—8年一个周期算，20%的回报，5年可能收回成本；低于20%，就是在硬生生地亏老本了。所以，也就有了老潘及很多客栈入局者们的亏本甚至血本无归。

民宿与酒店投资者最应学习的香格里拉“悦榕庄”

住宿行业里想要学习和效仿，最好的模板是香格里拉“悦榕庄”，只是门槛比较高。

所有的一流品牌都有同行逾越不了的壁垒。但是，做每一行，跟最厉害的高手学习，便会离成功近一点，离失败远一点。任正非曾说，华为活下来走到今天，要感谢乔布斯发明 iPhone；雷军立志学习乔布斯，于是缔造出小米神话。

普通的客栈都是租地或租房子，悦榕庄自己投资的酒店都是买地。把最大的来自“房东”的风险先排除掉，凭借为当地提供就业、搞活经济的基本思路，获得最好的招商引资政策。

香格里拉悦榕庄位于离香格里拉市区 20 公里的乡下，在风景优美的“大宝寺”旁的红坡村里，占地 50 多亩。2003 年，项目获得政府支持，以每亩 1100 元的价格拿到了土地，相关税收减免之后，50 多亩地花了不到 10 万元。虽然土地成交价看起来不可思议，但实际上，这样的合作不仅使当地政府收获了前期的明星效应与后期的稳定税收，为当地百姓创造了就业机会，拉动了消费升级，还让悦榕庄公司节省了成本，顾客也获得了好的产品体验，可以说，在以上四方面，当地政府与悦榕庄达到了最佳的平衡与共赢。

香格里拉悦榕庄总投资 3000 万元，房间 32 个，平均房价 2500 元，入住率 45%。年房费收入 1300 万元，租金 0%，运营费用 25%，但因为房费定价比市场平均价高 10 倍，所以运营成本的 25% 被覆盖掉，还让员工收入高于同行 50%，更好地维持了员工的高满意度，利润 75% 即 980 万元，投资回报率为 33%。

值得关注的是，因为他的土地是购买的，所以它的投资回报率是接近或等于纯利润的，而如果转让或出售整个项目，成交价格一定会高于当初的投资总额。

香格里拉悦榕庄营业后，丽江政府就非常有眼光地把悦榕庄又引进到了丽江的束河，给悦榕庄批了 200 亩特价 5 万元每亩的免税的土地。

束河丽江悦榕庄一期占地 80 亩，投资 6000 万元，建了 55 个房间。平均房价 2500 元，入住率 57%（前 5 年平均）。年房费收入 2860 万元，租金 0%，运营费用 25%，利润 75% 即 2145 万元，投资回报率为 36%，因为土地为购买，此 36% 回报率接近净利润。

丽江市政府在针对酒店的招商引资方面，一直走在中国西部地区旅游业的前沿。早在 1994 年，丽江市政府就以丽江古城北门的 10 多亩土地招商引资了泰国的“格兰酒店”。土地没有直接收费，以较低的地价折价为项目股权的 17%。丽江格兰酒店于 1996 年 8 月建成营业，为当时全云南最高端的四星级涉外旅游饭店，客房 100 多间。

1996 年，丽江市政府将丽江市中心的 20 多亩土地赠送给昆明的某地产公司，引进开发了五星级的“丽江官房大酒店”，该酒店于 1998 年开业，房间 1000 多间，是当时云南首家五星级酒店。

悦榕庄是亚洲高端度假酒店，是丽江政府 2005 年引进的，于 2007 年开业。丽江市政府连续多年的一系列动作，使得丽江在每一阶段都超前引进了高端酒店，让丽江在酒店住宿方面，配得上“世界的丽江”的称号，对全国旅游来讲，也具有引领作用。

香格里拉的“松赞酒店”是向悦榕庄学习的最成功的例子。每一家“松赞酒店”都做到了三点，即顾客满意度高、员工满意度高、投资人有很好的回报。

上一篇故事讲到，做单店盈利的，做连锁就不一定。单店，往往倾注了老板们更多的心血、更多的人脉资源。第一家单店，一般都是老板自己当店长，很多人单店搞成功了去搞分店、搞连锁，却搞蒙了，不但不能盈利，亏损倒闭也很常见。这就得谈到连锁店成功的一项重要指标——规模。

连锁店的店长无论是选择“职业经理人”模式还是“合伙人做店长”模式，都需要高收入来支撑。我们能看到的最成功的连锁店有哪些？麦当劳、海底捞、悦榕庄。

有人马上就会说，海底捞不是扩张失误关店300家了吗，还值得学习？“伟大的产品经理”乔布斯说过：“不要模仿别人的表象，而要窃取它的灵魂。”

厉害的公司总能及时发现自己的失误，大胆地承认并找到方法解决，纠正后继续上路。从这方面来看，海底捞在未来很长一段时间里，都会是中国连锁餐饮的第一。

作为连锁店，没有规模就无法长期“养好”优秀的店长。海底捞店长工资最低40万元/年，麦当劳25万元/年，悦榕庄30万元/年。

设想一下，如果你的客栈有10家，规模大小参差不齐，或都是像丽江古城的花间堂一样小规模的，小到一年营业收入100万元，最多也达不到300万元。那100万元收入的小店又怎样保持良好的长期发展的态势？客栈的经营性支出占到利润的30%左右，含所有人工工资及店长工资，如果再高，投资人就很难有回报了，所以即使再拿5%—10%给店长，店长工资都很难突破20万元/年，然而这样的话，投资人的利润就又被“拿走”很多了。所以麦当劳单店设计年收入最少900万元，海底捞则每年最少3000万元收入，悦榕庄则每年最少1000万元收入，这样的规模只需要拿出营业收入的2.5%给店长发工资就够了，如果是3000

万元以上，2% 或 1.5% 就可以支撑店长工资了，然而如果只是 100 万元/年收入的店，20% 都不够一个优秀店长的工资。

综上，一个连锁型客栈在全面指标加盈利都达到的前提下，年营业收入设计最好不要低于 300 万元，能达到 700 万元便是最好的起点，不然很难在盈利前提下有效发展，突破 10 家。客栈连锁店能开到 95% 的成功率才能算赢家，为什么全中国很多连锁店无论加盟模式还是直营模式都很难获得长远的发展？因为规模设计的重要环节往往不严谨，总是想“大小通吃”，几十万元到 100 多万元年营业收入的项目都想做，觉得这样更容易遍地开花，岂不知恰恰犯了大忌，走进无解的死胡同。

顾客满意度、员工满意度、投资人的合理回报。满足以上条件之后，不断开分店、连锁店，规模就是要设计的最重要一环。

悦榕庄的每个店都做了精确的设计。

又有人会说，悦榕庄在中国都发展 16 年了，他这么厉害怎么没有高速发展，超越“华住”的市值呢？

他们不知道，有些高手不仅想做得足够好，还能让企业活得足够久，一边开店，一边享受生活，有盈利而不缺现金流，才是客栈老板们应该追求的。

中国餐饮界的“新荣记”就是跟“悦榕庄”一样，是在“高大上”的品牌里稳打稳扎的天花板级的存在。企业做得足够好但并不是太大，对于同行来说更值得学习与尊重，他给同行们树立了可学习的榜样，并为同行们留下了更大的可生长空间。

更多有抱负的人是想做足够大，而做到足够大又足够好是最难的，也不是每个人或每个企业都适合并有足够的能力去追求足够大足够好的。

在足够好方面，悦榕庄算是住宿行业可学习的标杆了。

再重申一下，顾客满意度高、员工满意度高、投资人有很好的回报、开店成功率高，只有在这 4 个方面同时拿到高分，才算是一家优秀的连锁品牌。

两次被人赠予百万的大猫姑娘

80后女生“大猫”漂亮大方，面对工作与生活、同事与朋友，总是充满善意，在丽江古城客栈老板里，她是一缕暖阳般的存在。

大猫是广西人，大学毕业就去了深圳，给一位女老板做助理。拿着深圳正常水平的工资，为老板勤恳踏实地工作，一干就是五年。有一天，老板对大猫说，她要结婚移民去美国享受生活了，虽然自己不是特别富有，但非常舍不得且放心不下大猫，于是给了大猫100万元。希望这个妹妹能去做自己想做的事情，活得轻松幸福一点。

就这样，27岁的大猫揣着钱来到了她似曾相识的丽江古城。

大猫租了个院子，投资100多万元，一共10多间房，大猫的客栈就开起来了。虽然她不是那种“天生的生意人”，但客栈品位不俗，房间定价500元左右，不欺客宰客，顾客满意度很高，年投资回报率也能做到30%—50%。

有让人觉得非常顺眼的外貌，有自己的丽江故事，开店有自己的一套思维，大猫简直就是古城里优质客栈女老板的典范。

大猫的客栈隔壁，是深圳老板郭先生的会所。郭先生有名望有实力，会所是直接买下来的，公共区域和两个套房做了豪华装修，供郭先生接待自己的朋友们用。郭先生的朋友基本都非富即贵，还有很多名人或者明星，他从深圳调了3个工作人员专门打理会所。只是，偌大的会所只有两间豪华大套房，于是客人一旦住不下，就安排到隔壁大猫的客栈住。

郭老板的那些贵客总是对大猫得体而热情的服务称赞有加。时间一长，郭老板就将他的会所委托给靠谱的大猫打理，把自己的员工调回深圳了。

越有素质的客人越看重服务的价值，郭老板的贵客络绎不绝，客人们的朋友去丽江，也都会直接去找大猫，就连买个茶叶或虫草等高端特产，他们也会找大猫代买。

一次，郭老板的朋友李连杰与文章来丽江，大猫一如既往地热情周到，给文章留下了非常好的印象。他要了大猫的微信，回去后不久，委托大猫买了 10 万元虫草。

后来，波司登老板高先生夫妇来到丽江，在大猫的客栈住了几天。大猫请高先生夫妇喝茶，当大家聊到下一个周期应该找哪一位明星做波司登代言最合适时，大猫脑海里一下蹦出来当时超火的明星夫妻档文章、马伊琍，高先生夫妻俩凭直觉也觉得文章与马伊琍夫妻俩应该是最合适的人选，大猫跟高先生大方地表示，自己刚好认识文章，可以介绍。

就这样，在古城大猫客栈的一次聊天，促成了文章、马伊琍代言波司登羽绒服。大猫给文章通电话，将文章介绍给了高先生夫妇，两个月后，文章给大猫打电话报喜，说双方达成合作并成功签约代言。当天，就给大猫转了 108 万元以表感谢。

大猫也是个坚强倔强的女生，她遇到了一个男生，生下小孩后，双方不算合得来，大猫就毅然地带着儿子生活，没有抱怨，并满心欢喜、快乐阳光地面对生活。

有些人总是在认真地做着事情，诚恳地结交朋友，在不经意间赚着可喜的收入。愿好运多多眷顾像大猫一样的可爱姑娘们。让这个世界因此而更美好！

给餐厅做推广的文艺青年小北

小北肖像

小北是个狂热的旅行爱好者，还是个酷爱读书、写作的文艺青年。小北在丽江混了五年多，算是小有成就。在丽江买了个大别墅，结婚生子后，老婆经营着一个小客栈，自己在一家有着 4 个分店的中餐厅“雪莉餐厅”做营销与推广。

2021 年 5 月的一天，我俩一起聊天。我问小北：“你们的餐厅最好的店面有多大，平均每天能有多少营业收入？”小北说：“生意最好的店面有 280 平方米，平均一天 3 万的营收。”

在丽江这个地方，一个 280 平方米的饭店做到平均 3 万元 / 天的收入，我们可以来分析一下数据，食材采购 35%、租金 3%、人工 23%、水电费营销等 15%，利润能达到 24%，作为一个中餐馆，菜品少而精地降到了 40 个左右（其实 33 个最好），这已经非常好了。

我对小北说：“你们老板应该把这家店开到更好，从产品、流程、服务到员工培训，每一个环节一一提升。目前，租金比例已经很低了，可以把 24% 利润里的 6% 拿出来，一部分做提升，一部分给员工。把老板利润维持在 18%，员工加租金维持在 30%。这样，促使每个环节呈现上等甚至最佳的水准，老板就可以一边轻松赚钱，一边等待资本的青睐了！有了资本，再去大城市开店，丽江就开这一家，做到永远生意最好，永远每天爆满。那样多从容！”

我继续说：“你们老板犯了一个不小的错误，那就是在小小的不应该开分店的丽江开了 3 个分店。”小北说：“你怎么知道这种状况的？那 3 家分店有 1 家生意还勉强，剩下两家都是亏损。”

我说：“因为我是过来人！我 20 年来开倒闭过 20 多个餐厅，赔过 1000 多万元。近 5 年以来，我研究了海底捞、麦当劳等多家餐饮品牌的算法，符合算法的就干得更好，不符合算法的就更差，或者直接倒闭。”

我给小北举身边的例子：“你看，古城去年最火爆的二哥米线，在古城开了个分店，半死不活，还影响了主店，现在主店生意明显下坡了，不是吗？而且，它还不及时关掉分店。再看海底捞，从 1994 年到现在，27 年的时间，做到如此风生水起了，但在他的发家地四川简阳，为什么一直坚守原则只开一家店呢？”

“老师，你说得太对了，简直一语道破天机啊！”小北激动地说，“那我们应该怎么办呢？”

我说：“你应该说服你的老板壮士断腕，马上把其他 3 家店关掉，集中精力把 1 家店做好，做到极致。”

“但这太难了，”小北说：“老板不会舍得，也不会想得通。”

99% 的老板不是不够厉害，也不是不够努力，而是和小北的老板一样，不够明智，幻想着复制自己的成功开向全国，最后连 10 家都没有开成功。就好像上了高速不久就遇到了断头路，不但不想离开，竟然把车停下来，想要去建设高速公路。看看如今的海底捞，发现错开了 300 家店，便快速觉醒，实施立即关店的策略，海底捞有 1500 多家店，关店 300 家，占总数的五分之一，然后它很快就恢复了元气，调整状态，做得更好。

不过小北的老板舍不得关店也很正常，99% 的人都会犯错误，走不远，才成就了那些明智的 1% 的高手。99% 的老板不会快速学习，不会及时纠正，不可能获得大的成功，折腾一辈子也就是个折腾，把店开到倒闭，重复不断地开到倒闭，这是对社会资源的极大浪费。

小北真的回去找老板谈了，小北跟老板说了我的想法，结果跟他预料的一样，老板根本舍不得关掉任何一家店，而且给小北的任务是，让他把 4 家店的营销都做上去，把 4 家店的生意都干起来。

后来，我对小北说：“这不是你的能力所能达到的，如果你真的具备这种破天荒的能力，你就不是现在的小北了，你的价值就不是每个月 2 万多元了，你的价值至少是每个小时 2 万多元。”

到了 2021 年 8 月底，小北告诉我，他要暂时离开丽江了，他们的 4 家店在连续亏损的情况下，不得不关掉了 1 家，老板目前还舍不得关掉其他两家，但老板已经支付不起他的 2 万多元的月薪了。

如果关掉其他 3 家，退守 1 家店，一年 1000 万元营业收入，200 多万元的纯利润，怎么会支付不起一个营销总监 20 多万元的年薪？

开连锁餐厅如果没有搞清楚一套完整的算法，如果在第一拨开的 10 家店里不能保证 9 家成功并盈利，其他的一切勤奋与努力都可能是更大的浪费与徒劳。

把餐厅做成丽江古城最美景点的黄大哥

樱花餐厅

为什么要去旅游？

旅游是人去到一些未曾去过的地方，体验一些未曾体验过的事物。

吃饭是旅行的第一需要。我们见到的餐馆，一般可以分为两大类，第一类是普通型，填饱肚子，讲究的是不难吃与性价比；第二类是品味型，讲究的是好吃与好环境，可以略贵。

而黄大哥则把餐厅做成了第三种类型——景点型。让游客愿意来这里打卡，体验用餐、拍照、深度沉浸三大快乐。

樱花餐厅位于古城中心，官门口的主河道边。老板黄大哥花 200 万元打造的公共景观成了餐厅的核心竞争力，客人走到店外的河道两旁，便已进入了黄大哥打造的场域：先在极具美感的植入了餐厅文化的公共区域拍照打卡，而后，进入樱花餐厅，在不同主题的餐区选一个中意的位置落座，然后一道道美食、餐厅内外的每一处景致，都出现在游客的微信朋友圈或抖音等社交平台上，游客自发传播的广度不可限量。在这里打卡的人流量和去古城传统打卡地——四方街与大水车的人流量不相上下。

上面提到的不同主题的餐区，很值得展开讲讲。在樱花餐厅，黄大哥把不同的文化艺术元素设计运用到不同餐区，游客在不同的座位用餐，就是不同的新奇体验。这样一来，如果一行游客在丽江要待个 3 到 5 天，去了一次樱花餐厅，大概率会去第二次。在旅游区，能带给游客如此全面体验的餐厅是很少见的，樱花餐厅就做到了。

对于经济条件不错的游客来说，樱花餐厅人均消费 100 元左右，就能得到沉浸式体验，是超值的并不可替代的。

不仅硬件硬，餐厅在菜品和服务方面也做得不错。即便比同行产品平均贵 20%，上座率还是比同行高出了三倍，餐厅 400 个座位，实现了 400% 的上座率，绝对是古城规模最大、生意最好、销量最大的餐厅。

游客对旅游景区的餐馆的普遍印象是：快速简单、价格高、没有服务。但来到古城的樱花餐厅，这种印象完全被颠覆。旅行者找到了内心想要的那种感觉，一种无法表述出来，但呈现在面前的时候，又无法拒绝的感觉。

樱花餐厅的景观可谓丽江古城餐厅界景观设计的一股清流，引得同行们争相学习与模仿。不过，其规模大、地段好，在丽江古城是排名第一的网红餐厅，老板以客人为中心的经营理念……这些都促成了樱花餐厅的良性循环。尤其1000万元的投资门槛，也让同行心生敬畏而不敢贸然攀比。用大老板牟鑫先生的理念“若被模仿，功德无量”来说，继樱花屋酒吧做成了古城酒吧界标杆后，樱花餐厅也继承了“樱花基因”，做到了更上一层楼。

不过，黄大哥的思路也有“开小差”的时候。樱花餐厅在注重菜品质量，开发菜品特色上是用尽了心思，但在足够大的前提下再追求无限大，还是有过决策失误的。樱花餐厅四五百个座位，在古城已经是最大的餐厅了，必须停止扩大了，再继续扩大，带来的就是上座率整体下滑，租金比例上涨和很多服务与管理上的漏洞，从而可能出现一系列不可逆转的问题。一个大餐厅能达到300%以上的上座率，却因为继续扩大而导致整体上座率下降的情况，跟开分店失误是一样地糟糕，需要及时调整，回归到最佳上座率状态。当然，要把店开到刚刚好，大到不能再大或小到不能再小，还保持生意做好，老板需要付出的不仅仅是勤奋，更多的是智慧，再加上一点点运气。

把餐厅做成了景点的例子，在拉萨有“玛吉阿米”，在丽江有“樱花餐厅”，他们都成了游客打卡的必到之地。

丽江古城“守店劳模”——老吴

老吴肖像

老吴是我在丽江 20 年里遇到的价值观最正的朋友，也是我遇到的最靠谱的人。他辨别是非的能力超乎常人，而在做生意与卖货方面，也决不坑顾客。

凭着自己“避免浪费、避免失败就是成功”的信条与算法，老吴做起事来不急不躁。在丽江 15 年来，眼看同行与身边人各种犯错、折腾、赔钱，自己默默地开店，默默地“避坑”。每一次开店的口岸选择、项目选择、租金预算、市场分析等，老吴都稳扎稳打，绝不忽略任何一个重要环节。在这方面，老吴练就了 90 分的智慧，关键时刻还有一点点好运气。

老吴原先在四川老家开工厂，工厂倒闭后，他带着几十万来丽江开客栈。2007 年，我们的阿拉丁开了几个月，就有了不错的发展，老吴的朋友勇哥是我的朋友，他建议我在南门片区做一个阿拉丁旅游的接待点。

老吴的客栈就在南门四方街小广场，客栈只有 20 个房间，前厅有 80 平方米，非常宽敞。前台很长，足足有七八米，有一半闲置，这条件就好像是专门为阿拉丁准备的一样。

于是老吴成了阿拉丁旅游接待点的第一个代理合作商，合作下来，双方都非常满意，阿拉丁有了顾客的增量，给老吴带来的旅游代理提成则覆盖了客栈 90% 的租金，老吴的客栈一下子变得毫无租金压力，在不增加投资的情况下，老吴轻轻松松一年多赚 10 多万。

2010 年年初，老吴给我打电话，让我去他的南门店看看。此时，他已经把他的南门广场客栈装修出一个大酒吧的雏形，工程已经干到大半，稳重与谦虚的老吴告诉我，他此时内心忐忑，总觉得哪里不对劲，但又不知道具体是哪个环节出错了。

我说：“你的感觉是对的，确实有问题。你这酒吧，一楼就规划了 400 平方米，规模这么大，工作人员、演出等是最大的支出，在古城除了酒吧街，根本没有这么大的人流量能支撑你这种大酒吧生存。大水车人流量那么大，我们也在一楼开过 400 平方米的酒吧，就是开不下去了，才改做小吃店‘龙抄手’，才给盘活。再说你这周围客栈多，就你一家酒吧，很容易因为噪声扰民被投诉的。你这算是项目选择的失误啊！不要说你一个干酒吧的门外汉，就是让樱花屋来你这个位置开这么大的酒吧，也得干倒闭。”

“那应该怎么办？”老吴眉头紧皱，问我。

“这个地方开客栈，稳，但利润太少，门前是周边 300 米内最大的广场，100 米以内，客栈就有 20 家以上，200 米以内，客栈数量在 50 家以上，但是特别值得注意的是，附近只有小卖铺没有超市。超市虽然利润不高，但却是游客的刚需，如果开家超市，能辐射到的游客平均每天一千人，有超过 100 人进店，人均消费 50 元以上很容易，你的租金每天 700 元左右，阿拉丁旅游接待又摊掉了绝大部分，5000 元一天的营业收入就很赚钱了，生意好，卖到两万以上也不累。”

我继续跟老吴说：“我母亲在北门巷子里的丁丁小超市，一共 100 平方米，租金一天 400 多元，一年下来平均每天卖 4000 多元，生意好的时候一天卖 1 万多元，两个人就可以轻松守下来，你这个一层就有 400 平方米的空间，二楼就做宿舍与仓库，就凭你周边的流量，每天平均收入过万很容易。”

老吴立即接受了我的建议，掉转船头装修超市，于是古城第一家春天超市在南门诞生。

在老吴的辛勤经营下，春天超市开业才 3 个月，就稳稳当当地步入了轨道，沿着“整个广场周围都是客栈”的思路，他又发现了饭馆的商机。超市对面的房子空了 1 年多没有租出去，老吴就将那一栋 200 平方米的小楼租下来，开起了饭馆。有自然流量与超市的导流，加上老吴超级的诚信、细心的经营，饭馆生意一开始就不错，经营几个月后越来越好。

老吴在南门的饭馆和超市就这样齐头并进地经营了两年，2012 年的夏天，老吴给我打来电话，很兴奋地说：“老沈，听说你要做麦当劳，还要不要做，是不是缺钱？”我说：“是的，想做，正愁钱呢！”老吴说：“那你把卡号发给我，我打给你 200 万，先借给你做麦当劳的启动资金。”

原来，老吴在南门的饭馆被一个广东大老板看上了，要把房子买过去开茶庄，老吴跟房东的租房合同还剩 3 年，广东老板就非常大方地赔了老吴 188 万元的违约金，加上预付的没用完的租金，一共给了老吴 200 万元。就此，老吴成了我人生中第一个不要好处、不要利息、没有借条、没有合同，凭信任直接地主动地借给我巨款的朋友。

通过几年经验与资本的积累，老吴将南门的春天超市加饭馆组合的模式搬到了古城中心地段的官门口。官门口的人流量比南门大了 30 多倍，在古城仅次于四方街，新开的春天超市 1000 多平方米，超市二楼引进了蜡像馆，摊掉了一部分租金，又搭着开了米线小吃店与广场左右两边的两个饭店，官门口老吴的经营继续稳稳当当，有声有色。

除了做生意稳当，老吴的历史也读得非常好，在人类的文明史上，每一个 100 年中发生的大事，每一个历史事件中的重要人物，老吴都熟记于心，特别是对于世界近代史的了解，简直是我见过的人里最专业的一位。老吴上大学学的是经济学，自己又好哲学，加上做生意积累的实战经验，就有了老吴自己辨别是非对错的“超能力”。

一次，老吴一位在苏州做银行行长的大学同学来丽江，我去作陪，喝茶吃饭。行长跟我们聊到“美帝国主义对我们的各种迫害”，非常悲愤。我问行长有没有读过爱因斯坦的文章《我的世界观》，行长表示没有。我用自己在世界各地旅行的见识，加上任正非先生在网上发表的公开言论，纠正了行长的偏见，随后，老吴就从一战讲到珍珠港事件，再讲到二战的菲律宾战争，一直讲到广岛原子弹、世贸组织，以及现在世界经济格局的构成。行长像一名乖学生，听得津津有味，最后行长表示，这几十年太迂腐太偷懒，今天听完老吴的话真是醍醐灌顶，吃完饭必须在超市买两万元的茶叶，表达自己的开心和对老吴的敬意。

明白事理，活得通透，是聪明人追求幸福的必经之路，对他人的“醍醐灌顶”，还让老吴获得了更多的快乐与财富。

前些日子，我在西双版纳遇到一位走遍世界的苏州企业家，是一位大姐，她很诧异我的简单通透，说我是比她还彻底的明白人，问我是不是读了很多书，并经常在世界各地游历。我说我只是比较好学，也去过一些地方而已，读书与见识都只算得上中等偏上，不算太多，能看透事理主要因为长时间跟老吴在一起，练就了对是非的清晰的分辨能力。然后我就跟大姐仔细描述了我的“思想导师”老吴，大姐说一定得为了老吴单独去一次丽江，拜托我介绍她与老吴认识，并促成二人的见面。我说只要她安排时间去丽江，基本上都能见到老吴，有机会和老吴促膝长谈，因为老吴一年 365 天，至少 350 天会在丽江，每天下午都在认真工作，他简直就是认真守店的“丽江古城第一劳模”。

老吴在官门口的春天超市是古城规模最大、货品最全的超市，从百货到特产、茶叶、银器、玉器，一应俱全。因为老吴的价值观，任何一个顾客在他的店里消费，都不可能被宰、被套路，或者被粗心野蛮地对待。在性价比方面，我对老吴的信任，超过了我对自己的信任。

丽江古城需要老吴这样的商人，社会更需要老吴这样三观超正且活得通透的人。

在丽江一年卖掉 30 万杯酸奶的小武

小武肖像

小武是一个有着精致品位的男人，在丽江开着精致的“丁丁酸奶店”。

我认识小武的时候是 2007 年，当时他在官门口牌坊对面开了一个披肩围巾店。店面 4 米宽、15 米深，披肩品种不多，但都很好卖，所以，这长条形的店面可以前面一半用来卖货，后面一半用来堆货和喝茶。

我们公司在南门有了阿拉丁旅游接待与客栈前台融为一体的经验之后，我便和小武商量起利用披肩店后面的空间做旅游接待的计划：只需要把披肩店的过道留宽一些，牺牲 15% 的货品摆放空间，就可以做到两个项目兼顾。这样，我们的阿拉丁旅游接待点就可以从北门总部，贯穿到古城中心的官门口（距总部 500 米），再到南门（距总部 800 米），三个点位可以说贯穿了古城的纵轴线。小武觉得反正不需要什么投入，那就试试。

将阿拉丁旅游接待点与披肩围巾店“融合”的第一个月，效果就很不错。官门口人流量大，旅游接待区每天给小武带来的增收跟南门接待点相当，不仅可以分摊掉他整个店面租金的 50% 左右，披肩销量还一点儿也没减少。这个合作，能让小武一年增加 10 多万元的利润。

随着游客的迅速增长，丽江女游客人手至少一条的披肩也越卖越火。一到傍晚，很多披肩商贩便在街头游走叫卖，或在人流量大的地方蹲点摆摊，每天在古城，这样的商贩不下 100 个，城管管得不算严格，背着大包的摊贩可以到处“打游击”，在小武披肩店所在的官门口，附近常有 10 多个摊贩蹲点。

在价格战和密集型竞争中，我们合作的第二年，小武披肩店的披肩营业收入直接下降一半，而且有继续下跌的趋势。

小武立即换项目，搞了牦牛肉干店。开始还不错，但不到半年，古城的牦牛肉干店越开越多，小武的店又到了瓶颈期。小武找我商量：“干什么能赚钱赚得持久一些呢？”

离官门口 500 米左右的五一街上，当时有个十来平方米的“阿安酸奶”店，小店挺火，我们所在的官门口比它的人流量大 5 倍，店内面积比它大 4 倍，如果按酸奶产品的思路开个店，主卖牦牛酸奶，再加面包、点心、饮品，肯定有戏。经过两天的商量与市场摸底，小武开始着手新项目。

按我的思路，我们研发了牦牛酸奶，但发现有解决不了的难题。牦牛酸奶的原料是牦牛奶，而最近的奶源在香格里拉，量少、价高，杀菌与运输都是问题。而且到了冬天，奶源有可能断供。于是我们决定，用普通牛奶为原料，在品质和口味上多下功夫。

于是没多久，“丁丁酸奶店”开业了。店铺后面一半依旧保留了阿拉丁旅游接待，而且协作愈加顺畅。酸奶店3个月后就顺利步入正轨，一年下来，卖出30万杯，做到了200万元营业收入。租金9%、原料35%、人工及运营33%、纯利润23%，阿拉丁旅游接待点再分摊掉一半租金，小武这一年赚了40多万元。

第二年，生意越来越好，小武租下了隔壁的店铺，把两个店铺打通，空间变大了一倍，而且二楼也得到了有效利用。坐拥这150多平方米的营业面积，第二年“丁丁酸奶店”营业收入突破500万元。

接着，小武把目光投向了束河。他找到了一处位置与环境绝佳的店铺，就在束河四方街旁边的青龙桥河畔，是一栋100多平方米的二层楼。丁丁酸奶束河店开业后，阿拉丁旅游接待点继续融合，“理所当然”又取得了好成绩。

寻找顾客的潜在需求，商家差异化开发新产品、探索新思路，并取得成功，是生意人最酷的创造。小武的丁丁酸奶给丽江古城带来的气息，犹如春天里盛开的杜鹃花般鲜艳与明亮。丁丁酸奶不只针对游客，跟麦当劳产品一样，他的顾客群体是所有人。

再后来，小武也像大多数扩张的老板一样，犯了过度开设分店的错误。在丽江古城开了4家，在束河开了两家，一共6家，幸好干了一年多后及时关掉了其中3家，才得以继续保住业绩，并持续焕发生机。

小武的丁丁酸奶店算是中型规模的饮品甜品店，不能像窗口式小店一样开店过度密集，否则会拉低其他店的销售额。在我看来，在古城官门口一家，束河一家，足矣。不然在古城新增的其他店，必然会影响附近几百米内的古城店的收入；而在人流量相对小的束河，能把一家店做好就很好。

我始终认为，不断把产品做到更好、更稳定、追求更高的顾客满意度，遇到非常投缘的投资便再去外地做连锁，发展壮大……做到减少失误与减少开店的失败，就是经济利益上更大的成功。

古建装修设计师——阿杰

阿杰和家人

阿杰是画家，是石雕匠人、木雕艺人、木匠，是传统木构房屋建筑师，也是丽江古城发展近10多年来，做设计做得最多的古建装修设计师。

丽江古城有阿杰这种懂得保留精华、去其糟粕，略加改造、物尽其用的设计师，是幸运的。没有来到丽江古城之前，阿杰在大理古城住了几年，1999年，阿杰大学毕业，一时迷茫，就选择一个人骑自行车从家乡苏州出发，在318国道上一路骑行到拉萨。之后，阿杰去了西藏很多地方，后来回到拉萨，阿杰突然有了一个明确的目的地——大理，于是从拉萨又一路骑车到了大理。在中国单车骑行界，阿杰算是老骑手、老驴友、老前辈了。

一次，有两位从大理出发计划去拉萨的年轻骑手住进了丽江古城的桃花岛客栈，我跟阿杰出于欣赏请他们喝茶。其中一个人问我们，有没有骑单车做过长途旅行，我说我有，最长一次是 3 天，这个人一脸不屑地转头问阿杰，阿杰开始讲述他 1999 年骑行 5 个月，从苏州到西藏再到大理的经历。两个年轻人佩服得五体投地，听得两眼放光。接下来，两个人轮番跟阿杰请教去西藏骑行的各种问题，聊了两个多小时之后才心满意足、恋恋不舍地回房间休息。

我跟阿杰第一次见面是在 2005 年，首次见面我们就相谈甚欢，当时我们聊到了丽江古城四合院里每一栋房子的高度不可能统一的原因，聊到了古城的院子在铺设中瓦片与鹅卵石站立铺法同时交叉利用的秘密，聊到了铺院子的沙子与泥土如何配比才能够让院子里长出一点点嫩绿的小草……我们都非常认同的是，丽江古城的早期设计者和建设者们，都恪守着最大限度地保留阳光，保证空气顺畅流通，将灰尘降到最少并提高审美体验等原则。我们也非常敬佩早期的古城建设者与纳西族先民们，懂得利用自然，善于总结经验，这才使得如今生活在这里的我们，有幸感受到古城建设的品质、品位以及其中伟大的智慧。

丽江古城能超越其他古城，成为中国乃至世界旅游第一古城，与一种独特的石头有关，这绝对是普通游客意料不到的。

丽江盛产一种其他地方几乎没有的“五花石”。五花石的天然美感，加之天生的鹅卵五花大小不一、凹凸有致，使之成为最好的“天然吸尘器”。灰尘落在地板上，会被五花石的天然缝隙吸住，下雨时，缝隙里的灰尘又会被雨水冲刷干净。铺满古城大街小巷的厚厚的五花石晴无灰尘、雨无泥泞，对于步行逛街而言，堪称完美。五花石比大理石、花岗石更坚硬，属于最硬最稀缺的花岗石门类，古城先民以 25 厘米厚为标准，将其铺在古城街道上，并可反复循环利用，历经几千年的人踩马踏，越旧越好看。走在平均年龄在 500 年以上的古城街道上，谁能想到脚下的五花石，是独一无二又无法被超越的“超级武器”。丽江古城其他形式上的优点都是可以被学走的，但在交通不发达的古代，想把这个“丽江特产”运输到外地去铺设街道，就太奢侈了，几乎是无法做到的。

多年来，阿杰潜心研究木头的做旧工艺，基本上他新做的东西跟旧的摆在一起，很难分辨出来。特别是一些清代的牌匾，流传至今的不多，而古城的装修恰恰需要这些极富文艺符号的物品作为镶嵌和衬托，阿杰就很好地实现了这一点。旅行是为了实现“穿越感”，所以迪士尼乐园是世界上门票收入最高的景区，“迪士尼”成了世界第一大旅游公司。在年代感烘托下的丽江古城，环绕着加以精心设计的复古风装修装饰，步入其中，扑面而来的就是旅行想要达到的特殊体验——“穿越感”。

丽江古城的四合院民居是没有室外楼梯的，2007 年，做阿拉丁旅游公司二楼接待区的时候，为了二楼也能达到一流的铺面效果，阿杰为我们设计了室外楼梯。为了实现更好的美感与穿越感，阿杰还带我去了大理洱海，买了一艘旧的大木船，用两边的船板做了楼梯扶手，还利用船板的弧度，做出了一个中间宽 2 米，上楼梯口宽 1.2 米，下楼梯口宽 1.4 米的船型楼梯。就这样，我们的二楼很自然地实现了人流涌动，成为 10 多年前的拍照打卡“胜地”。

在改造橡树园客栈的时候，如果把楼梯放在正常的室内，就会牺牲半个房间的空间，不仅楼梯位置不明显，上下楼还不方便，于是，阿杰设计了古城客栈里的第一副粗犷式木结构室外楼梯。室外楼梯方便醒目，节省室内空间，稍加设计就变成了浑然天成的景观。古城客栈的室外楼梯是阿杰实用型设计的最佳作品，这一设计逐渐成为古城客栈装修的标配。

阿杰更擅长园林设计。阿杰认为，舒适的房屋搭配相宜的园林，才称得上高品质居所。要让家和客栈有精致的美感，起床推开窗户或开门的一瞬间，扑鼻的清新犹如公园里或山涧里的气息——足不出户就能享受自然之美，才是高水准客栈设计的基调。

我侄子王宇装修彩云居客栈的时候，我请阿杰帮忙做了全面设计，阿杰象征性地收了 3 万元设计费。开业后不久，一位经常从彩云居客栈门口路过的阿姨进客栈找到了老板王宇，问他这个客栈是谁设计的。原来，阿姨在北门坡买了一个破旧的小院，想拆掉后也建成这个风格。一贯大胆的王宇说是他自己设计的，但做出来这个效果得有匹配的工匠，阿姨竟然给了王宇 6 万元设计费，让他带上原班装修队伍来装修。后来，阿杰的徒弟们去了阿姨的小院，基本上复制了一个阿杰设计的彩云居。完工后，阿姨表示非常满意。

好的设计能让他人学习、借鉴、参照，并能实实在在提高人的生活品质，阿杰就是这样一位在丽江古城特定时代留下印记的好的设计师。

从丽江古城走出去的华侨——周林先生

2006年春天，我们开业不久的古城橡树园客栈迎来了美国华侨周林先生与他的夫人，周林先生是1947年在古城官门口旁边出生的，祖辈们在丽江古城生活了700年。周林先生13岁随做生意的爷爷与父母去了香港，在香港待了一年后去了美国，然后就再也没有回过中国，这次是首次回国，故地重游。

周林先生夫妇在我们的客栈住了10多天，大部分时间由我亲自在客栈的餐厅为他们夫妻做菜，陪他们一起聊天喝酒，偶尔还陪他们在古城里逛逛。

逛古城的时候，周林先生指着官门口旁边的一小排写着“公房”两个小字的房子说，这里是他小时候居住的地方，也是他出生的地方。我问：“您家的房子现在变成了公房，是不是有可能再去要回来？”周林先生说：“爷爷去世前留下遗愿，曾经在大陆的一切房产和财产，不论丽江的还是昆明的，都全权放弃，后辈们都不要再去过问。爷爷认为对于与他们来说，作为资本家在那个特殊时期躲过了劫难，过得很幸福实属不易，就不要太在意那些对他们家来说可有可无的财产了。”

我又问，那您家以前住在官门口以内，也算纳西族贵族，怎么没姓木呢？周林先生说，从明代到清代乾隆年间，他们祖上都是“木姓”，那个时期丽江官方与贵族都姓木，老百姓都姓和。朱元璋建立明王朝后，丽江纳西族土司阿甲阿得审时度势，直接打出旗号归顺明朝，此举大获朱元璋赏识，朱将自己的姓去掉一撇和一横，钦赐其“木”姓，从此，纳西传统的“父子连名制”改成了汉姓名字。纳西族从此“官姓木，民姓和”，意思是丽江的百姓，包括外来人加入到纳西族大家庭以后都姓“和”，“木”字戴斗笠，背箩筐，就变成了“和”，意思是老百姓为“和”，为奴为仆。

到了清雍正年间，改土归流政策正式落实到了丽江。之后，设置流官政府，建立新的流官衙署，设立了丽江府，最高长官“知府”均由朝廷任命派遣。丽江府管辖的除现在的丽江四县一区外，还包括大理的鹤庆、剑川、维西、香格里拉、德钦、怒江等地。

朝廷派了知府到丽江地方之后，“木氏土司”的自治权降低了许多，丽江地区开始鼓励纳西族自由选择姓氏，周林先生的祖上是朱元璋时期派来帮助丽江木氏土司搞古城建设的“工程师”，据说朱元璋派了各种工匠及中原的医生、老师、学者等大型团队80余人到丽江，并加入纳西族，大力帮助丽江地区社会、经济、文化的发展。当时正值丽江古城的建设之初，有了朝廷派来的一流团队的加入，丽江古城在几十年后的永乐年间就达到了江南周庄的建设水平，这让偏远的丽江在700年前就成为中国同期高标准化建设的城市。

周林先生的祖上是朝廷派来的周姓工程师，因建设有功又与纳西族贵族通婚，后代就被赐予木姓，到了乾隆年间改为祖宗的周姓。明朝开始，丽江古城及纳西族的人民在文化教育上也得到了很好提升，在清代，纳西族男性识字率就超过了70%，到新中国成立前的民国时期达到了90%以上，特别是丽江古城，在新中国成立后，无论男女都无文盲，是中国同期接受基础教育最好的地方。

周林先生的家族700年来都是贵族，保持了优良的文化传承。在清代，家族同山西商人有过通婚，所以周林先生家族的血统基因，算是不断优化的现代纳西族。爷爷经商有较大的成就，在抗战爆发以前就去尼泊尔、缅甸、泰国做生意，抗战时期又到印度做生意，算是民国时期丽江古城外出经商者里的大成者、大资本家。

我很好奇的一点是，大家说丽江纳西族的祖先是羌族，但汶川地区的羌族没有改名，也没有改语言和文字，而在丽江的这一支羌族转变为纳西族，从名字、语言、文字等方面都彻底放弃了原来羌族的一套系统，重新建立了一套，这中间应该有曲折的故事才对。

周林先生说，秦汉时期，纳西族最主要的祖先羌族先来到了金沙江边的虎跳峡山区，在现在香格里拉哈巴雪山的虎跳峡与白水台地区建立了第一个根据地，不久后，有更小股的匈奴也随着路线迁徙过来。丽江周边高原香格里拉的藏族有绝对的历史统治地位，位居其次的是大理白族，其拥有对云南核心地带的绝对统治权，中间的金沙江河谷地带是普米族的地盘，周边邻近山区是其他少数民族的地盘，规模不大而彪悍的羌族与匈奴部落同属外来团队，为了能在夹缝中求生存，不能互相残杀，所以在汉代至三国时期，羌族与匈奴两个种族结盟，发明了一个新的民族“纳西族”，偶尔吸纳一点逃亡至此的汉人或其他精英，就发明了一套“纳西族”语言。宗教方面，则是以佛教为原型发明了东巴教。

发明文字是一项更大的工程，可能在当时没有条件，就以当时还未完全消亡的中原的“象形文字”为基础，完成了“东巴教”经文编写，所以纳西族应该是以羌族为主，吸纳匈奴而创建的一个新的民族，再后来不断吸纳外来人才加入，发展演变成了现代的“优秀的丽江纳西族”。

周林先生认为，一个族群或一个地区，哪怕一个公司，只要是一个团体，要发展强大都有一个共性：强大组织为前提下包容各种文化，以明确目标为前提，不断地包容与吸纳优秀人才加入。民族从我们中原的汉族到丽江的纳西族，城市从现代大都市上海到新兴城市深圳，公司从美国的谷歌到中国的华为，无一例外学习并继承了这个法则。

丽江酒吧集大成者——徐炳忠

海伦司啤酒

徐炳忠是谁?

徐炳忠是中国酒吧、酒馆行业先锋品牌——海伦司(Helen's)的创始人与老板，是一个把丽江酒吧文化的种子带向全国的推广者。乔布斯先生说过，做极致的产品，不要模仿别人的表象，而要窃取他的“灵魂”。徐炳忠就是那个挖掘到“丽江酒吧文化灵魂”的最成功的集大成者。

2003年，徐炳忠来到丽江投靠他的战友与老乡——丽江古城最大的酒吧老板牟鑫。当时，牟鑫的樱花屋酒吧经过5年发展已小有规模，门店营业面积超过了500平方米，生意火爆。

徐炳忠在丽江樱花屋酒吧学习工作一段时间后，有了自己创业开酒吧的想法。在牟鑫的建议下，经过一番考察后，徐炳忠将他的第一个创业酒吧落地在了山西的平遥古城。

平遥古城是中国四大古城之一，1997年12月3日与丽江古城一起被列入“世界文化遗产”名录。对于开酒吧来说，有了现成经验后，选址是成功的最关键因素。平遥的外国游客比较多，徐炳忠的“平遥樱花屋”很快立住脚并小赚了一笔。有了这次尝试，徐炳忠想要去更多的地方开店。

在旅游区开酒馆，一定要选在有足够多的年轻消费群体，同行的竞争不能太大，租金相对便宜的地方。在牟鑫的指点下，徐炳忠从越南一路颠簸到了老挝万荣，一番考察后，用较低的租金租了一个破房屋，花3个月重建及装修，开了老挝万荣“樱花屋酒吧”。

2006年12月，徐炳忠在北京前门的“樱花屋”开业，这家店生意还可以，但后续的门店却十分不理想，上座率低，无法盈利。随着2008年金融危机到来，门店生意下滑，徐炳忠及时关掉了无法盈利的店。

2009年，中国的旅游与服务行业迎来了一个小井喷式发展期，徐秉忠抓住机会，将新酒吧选址在北京五道口——江湖人称“宇宙中心”的地方。这里高校多、外国人多、酒吧多。但这一次，徐炳忠的酒吧选址可谓“别致”——选在了地处偏僻的东升园小区，房租只要每年20万元。500米开外的地方，同样面积房租可是要200万元的。

这个大胆的选址是徐秉忠运用他的“新算法”的结果。这一次，有备而战的他想要创建一个酒吧业的中国第一品牌——“海伦司酒馆”。

酒吧与火锅店的相似之处是都属于“慢消费”，高峰期都在天黑之后。酒吧比火锅店的主要营业时间更晚 3 个小时，客人借着火锅或喝酒，坐下来聊天，时间比较长，平均客人从坐下来到离开为 100 分钟，酒吧时间甚至会更长一点，海底捞就是运用这种算法选址门店的。

尽管挨着清华北大，由于还没有名气与品牌，位置偏僻的海伦司一开始生意惨淡，不过，这也在徐炳忠的预料之中，他想到的第一个办法是雇了一群外国人去发广告拉客。徐炳忠运用了海底捞的选址算法，在第一主打产品酒水的定价上抛弃了以往的经验与其他酒馆的参照，直接运用了麦当劳的算法，进货价平均翻 3 倍来定价，直接打出了跟餐厅差不多、比酒吧便宜几倍的“亲民”价格，海伦司很快有了第一批回头客。

在老挝开过酒吧的徐炳忠知道，外国人对啤酒的基本品质标准是酒精度 5.0° 以上的精酿啤酒。这个标准，和酒精度 2.5° 、3.1° 、3.6° 的国内地摊啤酒相比，完全是不一样的品质。咱们在国内超市里可以买到酒精度 2.5° 、3.1° 、4.0° 的青岛啤酒，几乎看不到酒精度 5.0° 以上的青岛啤酒，但徐炳忠在老挝、泰国、中国香港、美国一路看下来，看到的青岛啤酒都是 5.0° 的，其他度数的都见不着。所以，第一家海伦司在啤酒选品上就严格遵循了“德国啤酒的同步标准”。

偏僻的第一家海伦司靠着“高品质、低价位”的口碑快速在外国留学生中流传开来。这就是为什么有个国产啤酒的厂商说过，德国啤酒 99.99% 都是“啤酒”，中国啤酒 90% 都是“啤水”，啤水的好处是生产成本低而且很不容易醉，但一旦喝醉了第二天都会头痛。

有一天深夜，徐炳忠看着几位客人离开的背影，他就想，我们这里这么偏僻，连路灯都没有，他们还愿意冒着大风和寒冷来，海伦司能用什么方式来感谢一下他们呢？于是，借着万圣节的氛围，徐炳忠开启了不计成本、规模空前的“买一送一感恩回馈活动”。这场活动为海伦司打响了名气，酒馆开始了每天爆满加排队的稳定节奏。北京最便宜的精酿啤酒馆——海伦司酒馆开始稳步盈利。

起初，海伦司的主要消费群体是外国人和留学生。渐渐地，徐炳忠发现酒馆里国内的年轻人与大学生也很多，他便有了更好的思路，只要中国年轻人也喜欢，发展空间可就太大了。

于是，用低租金选址，延续樱花屋酒吧的猎奇与交流空间和麦当劳式的“高品质产品的3倍定价算法”，这三者相结合的“海伦司酒馆形态”开始形成。

开连锁店是品牌发展的必然之路，也是大部分老板们的漫长黑暗之路。

徐炳忠是普通人家的孩子，当过保安，睡过草地，住过地下室，有着朴实的人生经历。徐炳忠也当过特种兵，知道优秀的团队离不开刻苦的训练，更知道有目标的训练是一个团队发展的根本。所以，海伦司在经营之始就运用了基础算法，在人力资源上加强培训，特别是把店长培训作为重中之重，没有合格的店长，就没有一个可以成功的店。

一个连锁店，有了选址、定价的一系列算法，就打好了第一个基础，叫“产品”。一般人的产品是卖的产品，而海伦司的产品是一整套从选址到开店的运营与解决方案。这是经营取得成功的核心之一。

第二个核心就是培训，只有通过严格有效的培训，培养出合格优秀的店长，才能保证“产品”能得到好的运行，达到95%以上的开店成功率。

第三个是公司的文化、价值观与经济保障体系。让顾客满意，让员工满意并多挣钱，老板必须有很强的把控力，做到整体盈利并有足够的资金储备。

徐炳忠去美国考察时发现，美国的小酒馆里都是好啤酒，价格只卖十几二十块，在丽江古城，一瓶“雪花啤酒”可以卖到48块。而在国内一二线城市的酒馆，很一般甚至“杂牌”的啤酒竟然可以卖到20—40元。徐炳忠心里种下了一个小目标：未来有一天，中国的年轻人也能像美国的年轻人一样，花着10块钱在海伦司酒馆里就能喝到好品质的啤酒。海伦司逐渐推出了自己的啤酒——徐炳忠用德国啤酒标准打造的海伦司精酿啤酒，就像麦当劳里的“3 元甜筒”一样，高品质输出加美丽的价格。

记得 2013 年春节的大年初三，丽江古城大水车对面，我们公司一楼的麦当劳甜品站一天卖出了 2700 多个每支 3 元的甜筒，从上午 9 点到下午 7 点一直有人排队。这就是品牌、好产品、最佳性价比的“魔力”。

酒馆的有效消费时间只有 19：00—2：00 的 7 个小时，海伦司选黄金商圈里相对“最差”的位置，这样租金差距有 5—10 倍。只有这种选址才能实现 3 倍定价后爆满就能盈利，把租金控制到销售额的 8% 左右。

海伦司酒馆去掉了顾客们“非刚需”的部分。在五道口开的第一家海伦司小酒馆，店内没有主题、没有飞镖桌、没有球桌、没有驻场歌手……简单到只有酒和精而少的食品和桌椅板凳。顾客进店就是找个合适的地方坐坐，和朋友对饮聊聊天，或偶尔搭讪，借着酒水这个特殊的“道具”消磨一段放松的时光。

有了前面几年在各地开樱花屋酒吧的经验，海伦司酒馆做到了有氛围、简约而又有情调，让顾客可以在不需要服务时感觉不到工作人员的存在，在需要时，工作人员又能及时出现。这种简到不能再简，装修得有设计、有氛围却又不觉烦冗的“恰到好处”，是徐炳忠摸索出来的“独门绝技”，是海伦司酒馆最难被对手抄袭的护城河。

如此简洁有效的酒馆，一个 200 平方米的店一天卖 1 万多元，有 10 个员工，就相当好。如果租金控制在营业收入的 8% 左右，如果用 21%—25% 营业收入支付员工工资，单店员工工资平均可达 7000 元每月，其中店长工资可以达到 2 万多元，普通员工 5000 多元，做到了高于同行 30%。如果能实现纯利润 15%，员工工资明显高于同行 50%，就非常完美了。

在中国的酒吧酒馆行业开连锁店，要比火锅店与快餐店更难。主要是酒吧行业有比餐馆还要大的地区差异，以及规模上大的太大、小的太小的极限不对称差异，消费也是高的太高，低的很低。徐炳忠做海伦司酒馆，一开始就明确了连锁店需要“麦当劳”式的核心算法驱动。没有太贵的产品、不贪图单桌的高消费、不贪图高利润，是连锁店的其中一项核心算法。麦当劳人均消费 40 多元，海底捞人均消费 110 元，海伦司的人均消费 70 元左右，有了稳定的人均消费定位，不至于一不小心到海伦司消费后人均 200 元还打不住，搞到买单的时候“尴尬窘迫”，于是，忠实顾客越来越多。特别是年轻人与学生，更需要海伦司这样“透明”的高性价比。

有一次我要请香格里拉来丽江的朋友南卡和丁老师晚上去酒吧喝酒，南卡开玩笑说，还是别去了，古城酒吧啤酒 40 多元一瓶，丁老师一个人就要喝 50 瓶以上，别一不小心请个客把你喝破产了，我说那就去我跟朋友合伙开的酒吧，我们自己内部买单，百威 10 块一瓶。南卡豪气地说，那必须他请客买单，100 瓶打底。晚上我们三个人从 10 点喝到 1 点多，喝了 128 瓶，我喝了近 10 瓶，丁老师和南卡他俩平均一人喝了 60 瓶。后来，这两位老兄因为酒量太大、喝不醉、太无聊，就干脆戒酒了，偶尔我们三人聚在一起，他们两人会“欣赏”我这个“大酒量”一人独饮两瓶啤酒的姿态。

有了完整的产品、培训、开店资本后，接下来就是扩张开店的成功率了，前 100 家店达到 90% 以上开店成功率是连锁店的第一步关键，很多心比天高、命比纸薄的想要做连锁品牌的公司，在第一个 50 家都无法突破的时候就纷纷倒闭离场了。所以高大上而消费不高的“麦当劳”是连锁店鼻祖，追求统一化、没有奢侈消费的海底捞能连锁成功，而“俏江南”却逐渐销声匿迹。

海底捞老板说过，他要实现的是又便宜又好，还要很赚钱。这个很赚钱，其实是开更多的店赚稳稳的 15% 利润。

2013 年，徐炳忠在北京的几家店取得成功，便将目光投向了有 100 万大学生的中国大学第一城“武汉”，那里成了徐炳忠的海伦司大显身手的最佳试验场，8 年内，海伦司在武汉连续开店 60 多家，达到了连锁店理想状态的成功率 95% 以上。

下面是一个年轻人在武汉第一次去海伦司酒馆后，写下来发到网上的故事节选。

酒馆内部偏典雅的装饰，反而让我没有了开始的慌张，找到座位坐下后，室友为了让我卸下紧张的情绪，告诉我来这个酒馆的基本都是附近学校的学生，下了课约上同学喝点啤酒，摇摇骰子，疲惫的情绪消散得很快。

我是一个十分惧怕陌生事物的人，从小到大都是。但是当我对事物的认知开始熟悉，一样可以身临其境地享受其中。

在室友热情的不断“教导”下，我慢慢开始跟他们吐露这几年来我对这段感情的重视与投入。与此同时，小涛和林兄也开始跟我讲述他们在成都的“血泪感情史”。

“原来大家都是天涯沦落人，我提一杯！”这时的我，已经卸下了所有的防备，趁着微醺，一边摇骰子，一边手舞足蹈地和他们继续分享各自的故事。

其间，我还在小涛的怂恿下，以输掉游戏为借口和隔壁小姐姐喝了杯酒，同时也有收到了好几个其他桌的小伙伴过来要联系方式的请求。

临走结账的时候，酒劲已经过去了一半，当我感叹下半个月要在吃土中度过时，林兄笑嘻嘻地告诉我：“一人 70，记得转我。”

突如其来的转折，加上晚上 12 点迎面而来的晚风，让我顿感生活又一次充满了希望，路过武汉理工大学的转盘，三个人并排而走一起唱着郑伊健的《友情岁月》，我在内心许下了一个快乐的愿望。

故事分享到这里。简单聊天、有效搭讪、品质过硬、消费划算，这是海伦司的顾客都能产生共鸣的体验。

2014—2017 年，徐炳忠成功地将海伦司开到了深圳、广州、上海、成都，逐渐形成了从北到南再从东到西的大版图，并突破了 100 家店。一举成了中国酒馆行业首个突破 100 家店的品牌。

2021 年，海伦司开店数量突破 300 家，并于 2021 年 9 月在香港上市，市值突破 300 亿元。

目前海伦司开店总数突破了 500 家。

如果徐炳忠继续稳固自己的开店“算法”——低租金选址，员工能挣高工资，强化店长培训与系统化管理，维持高品质低价位的稳定输出，每家店能维持 15% 的利润，无法达到 10% 纯利润的店坚决不开或视为不合格，开店稳扎稳打而不要像海底捞 2019—2021 年那样过急过快……未来发展成为酒馆行业的“麦当劳”、做成走向世界的“海伦司酒馆”，市值千亿美金的世界酒馆第一品牌是可能的，是完全有可能的。